AF296471

CATALOGVE
DE LIVRES D'ESTAMPES
ET DE FIGVRES
EN TAILLE DOVCE.

Avec un dénombrement des pieces
qui y font contenuës.

Fait à Paris en l'année 1666.

Par M. De Marolles Abbé de Villeloin.

In imagine pertranfit homo. Pf. 38. 7.

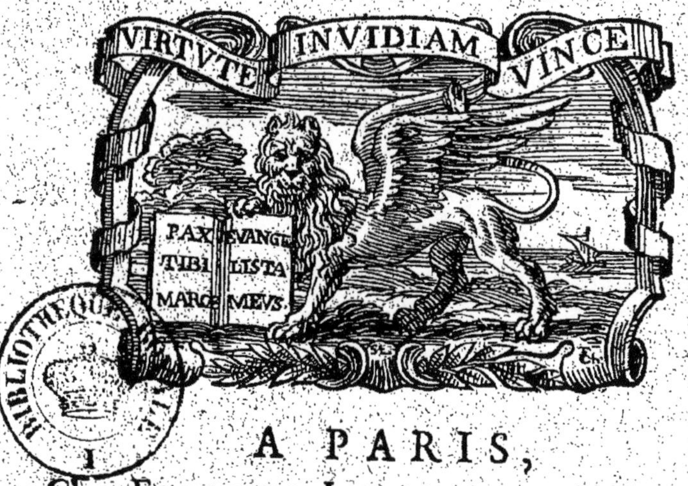

A PARIS,
Chez Frederic Leonard, ruë S. Jacques,
à l'Efcu de Venife.

M. DC. LXVI.

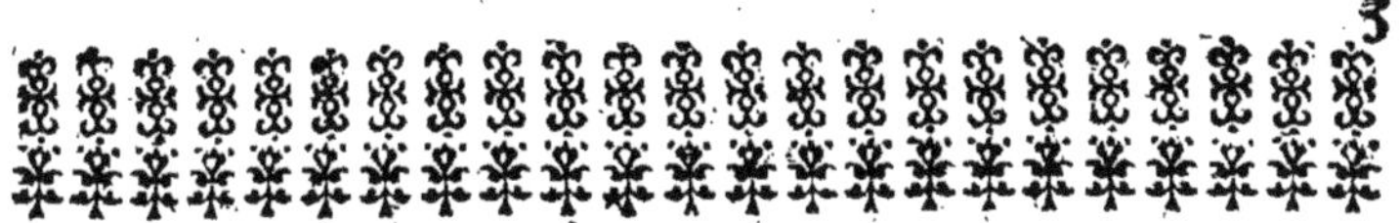

CATALOGVE DE LIVRES
d'Eftampes & de Figures
en tailles douce.

Avec un dénombrement des pieces
qui y font contenuës.

Fait à Paris en l'année 1666.

Par M. De Marolles Abbé de Villeloin.

Imago enim eft & opus eft. Sap. 13. 16.

Discours en forme de Preface.

E ne me fuffe peut-eftre pas avifé de
moy-mefme de travailler à cét Inventaire, de peur de donner envie à quelqu'un du Recueil que j'ay fait des plus
belles Eftampes des meilleurs Maiftres anciens &
modernes, lefquelles j'ay recherchées en divers
lieux depuis quarante ans, avec un foin tres-labo-
rieux, fi les prudens confeils d'un perfonnage Il-
luftre par fa vertu & par fa condition, ne m'y euf-
fent obligé en quelque forte, pour beaucoup de rai-
fons qu'il n'eft pas neceffaire de dire icy.

D'ailleurs ne voyant perfonne dans ma famille
qui puft conferver aprés moy une chofe fi agreable & fi curieufe ; j'en veux bien laiffer au moins
cette petite marque au public, pour en faire con-

cevoir un pareil defir à quelqu'un, fi l'occafion s'en offre jamais à propos.

Et certes fi plufieurs perfonnes de qualité, qui ont de l'efprit, auffi bien que des richeffes, fça-voient le plaifir que donnent les belles Eftampes, lefquelles contiennent prefque tout ce qu'il y a de plus confiderable dans les ouvrages exquis des plus grands Peintres & Sculpteurs qui ont vefcu en divers fiecles, il eft certain qu'il ne s'en trou-veroit pas affez pour contenter leur curiofité, puif-que déja mefmes, elles font aujourd'huy fi rares, non feulement des vieux Maiftres, & de tous ceux qui fe font acquis le plus de reputation dans leur Art; mais encore des mediocres de l'autre fiecle, qui ont travaillé à des fujets importans, que telles pieces qui font aujourd'huy fi cheres, doubleroient leur prix, & iroient peut-eftre bien encore au delà, fi elles fe trouvoient à vendre.

Il y en a de telles, quand elles fe peuvent trou-ver bien conditionnées, c'eft à dire entieres, blan-ches de papier, & de belle impreffion, lefquelles font prefque uniques, ou qui fe trouveroient à pei-ne doubles ou triples dans tout un grand Royaume comme la France, tant elles font rares de la forte que je le dis. Car pour les Eftampes originales des plus grands Maiftres, lefquelles font ou gaftées, ou mal imprimées, ou de planches ufées, il s'y en trouveroit fans doute bien davantage; mais les Curieux qui s'y connoiffent, ne les eftimeroient nullement, & n'en donneroient rien du tout. Et certes la difference, pour le prix, s'y trouve fouvent entre telle & telle Eftampe originale, avec la mef-me proportion qu'il y a entre dix fols & dix Loüis d'or.

Ainſi par exemple, on pourroit trouver une œuvre d'Albert complette des cent quatre piéces en taille douce qu'il a faites, pour deux ou trois cent francs ; mais il s'en trouve auſſi de ſoixante, de quatre-vingts, & de cent piſtolles : Et celle qui eſt dans mon Recueil, laquelle fut faite en partie par feu Monſieur l'Abbé de ſaint Ambroiſe, eſt incomparable, auſſi fut-il quarante ans à la faire, ſans parler de douze pieces uniques à la plume, & au crayon, de la main du meſme Albert, leſquelles ne ſe trouvent point ailleurs, & ſont des études & des eſſais fort achevez de ce merveilleux Ouvrier, qui n'avoit pas moins excellé au pinceau qu'au burin, outre ſon œuvre en bois & en eſtaing, dont nous avons également recueilly des pieces tres exquiſes.

On en pourroit dire autant, & peut eſtre encore davantage des œuvres de Lucas de Leyde, de Marc Antoine, d'Auguſtin Venitien, de *Sylveſtre de Ravenne*, de François Parmeſan, de ceux qu'on appelle *les petits Maiſtres*, & des vieux Maiſtres qui ſe trouvent ſi mal-aiſément. Car certainement il ſeroit aujourd'huy fort difficile de faire ces œuvres complettes. Et, ſi je ne me trompe, un grand Prince en feroit mal-aiſément de ſemblables à celles qui ſont tombées entre mes mains, quelque ſoin qu'il y puſt apporter, s'il ne les prenoit dans le grand choix que j'en ay fait.

Cependant ces choſes là, ſont une bonne partie de ce qui nous reſte de meilleur des ouvrages de pluſieurs grandsPeintres &Sculpteurs,qui n'ont pas crû ſe rendre moins recommendables par l'invention des belles Eſtampes, que par leurs pieces tant admirées ſur la toile, ſur le bois, ſur le mar-

A iij

bre & fur le bronze, fi elles font foigneufement
confervées dans les Livres, où elles tiennent peu
de place, & ne fe peuvent gafter, fi elles y font
exemptes de l'eau & de feu. Car rien à la lon-
gue ne fçauroit eftre à l'épreuve de la violence
& de la fureur de ces deux Elemens.

  Auffi faut-il avouër que les Livres d'Eftampes,
quand elles font exquifes & bien choifies, font
l'un des plus beaux ornemens qui fe puiffent apporter dans les grandes Biblioteques; Et partout,
on trouve les autres Livres neceffaires, qui en
compofent à la verité le principal deffein pour la
connoiffance des Sciences & des belles Lettres,
parce que l'impreffion les a fi bien multipliez qu'il
y en a peu de tres-rares; mais les Livres de belles
Eftampes recueillies de divers lieux, le font deve-
nus en un point, que quatre ou cinq Curieux puif-
fants, en tariroient la fource de telle forte, qu'il
ne s'en trouveroit point du tout hors de chez eux.

  Ie ne parle pas icy des pieces communes qui fe
vendent aux coins des ruës, ny chez la plufpart
des Marchands, lefquelles font de nulle ou de fort
petite confideration, bien qu'il s'y en trouve auffi
quelquesfois de fort belles; mais c'eft d'ordinaire
fans aucune fuitte complette: & il faut plufieurs
années pour y faire feulement un Livre de l'œuvre entiere de Raphaël, des Carraches, ou du Parmefan : Et quelques-uns ont fait des dépences pro-
digieufes pour un feul Recueil des pieces des
vieux Maiftres, qui font fans datte, fans nom &
fans marque de Peintres ou de Graveurs, & qui
ne font connuës que par la maniere, ou qui fe di-
ftinguent feulement les unes des autres par la
figure d'un Caducée, d'un Chandelier, d'une Chan-

delle qui s'eſtaint, d'une Eſtoile, d'un Pot, d'un
Boiſſeau, d'une Eſcreviſſe, d'un Scorpion, d'un
Dart, de deux Bourdons croiſez, d'une Paële,
d'une Souriſſiere, d'un Chien, d'une Saulterelle,
d'un Oyſeau, d'un Laſſet noüé, d'un Cube, & quelquefois par une ſentence de l'Eſcriture, ou par le
nom de Ieſus, beaucoup de celles-là tres-rares, &
qui valent tout ce qu'on veut, parce qu'elles ne ſe
trouvent preſque point.

Il y en a d'autres auſſi plus communes, qui ne
laiſſent pas d'eſtre eſtimées, quand l'impreſſion
en eſt belle, ſans quoy, pas une ſeule des unes &
des autres ne ſçauroit eſtre recherchée par les Curieux qui s'y connoiſſent tant ſoit peu.

Au reſte, les Eſtampes qui repreſentent des Ceremonies, des Entrées de Villes, des Deviſes, des
Emblesfmes, des Baſtimens, des Statuës antiques
& modernes, des Medailles, des Tournois, & des
Machines de Guerre ou des Arts mecaniques, ne
ſervent pas moins aux connoiſſances de l'Hiſtoire,
des Sciences divines & humaines, & de tous les
beaux Arts, que les autres Eſtampes, qui repreſentent des Combats de terre & de mer, des Animaux
& des Plantes de toutes ſortes d'eſpeces, & des
portraits des Hommes illuſtres, auſſi bien que les
Habits des Nations, les Arbres Genealogiques, les
Carthes Geographiques, & les ſuites hiſtoriques
des choſes ſaintes & profanes.

I'ay eſté beaucoup plus loin en ces choſes-là que
je ne l'euſſe pû croire au commencement: & quoy
que j'y aye pris beaucoup de plaiſir comme à un
divertiſſement tres-honneſte; ſi eſt-ce que je ſuis
perſuadé qu'un homme puiſſant & riche, y en euſt
encore bien pris davantage que je n'ay fait, parce

qu'avec un peu de genie & d'amour pour toutes les belles connoiſſances, qui s'en peuvent tirer, il l'auroit accomply ſans doute avec beaucoup plus de facilité & de magnificence, quoy qu'il euſt eſté peut-eſtre bien mal-aiſé de le faire avec plus de ſoin & de propreté. Sans quoy il faut avouër, qu'il ne s'y rencontreroit pas la moitié de l'agréement & de l'inſtruction qui s'en peut attendre, & qu'il y faut chercher.

Afin donc que cela ſoit ainſi, les Eſtampes doivent eſtre propres & bien choiſies, elles doivent eſtre de belle impreſſion, & diſpoſées en bon ordre, ſoit qu'on les arrange par les œuvres des Maiſtres, ou qu'on les diſpoſe par les ſujets differens. Au reſte, il ne faut pas apprehender d'en remplir toutes les pages d'un livre, pourvû qu'elles ne maculent point comme parlent les Libraires, & quelles y ſoient miſes avec proportion. Et certes, elles y ſeront toûjours beaucoup mieux de la ſorte, que ſi on ne les y mettoient que d'un coſté, & qu'il y demeuraſt toûjours vis à vis une page blanche qui ne ſerviroit qu'à choquer la veuë, & à multiplier mal à propos les volumes, d'un grand recueil tel que celuy que j'ay pû faire. C'eſt pourquoy j'ay eſté d'avis d'en uſer d'autre ſorte, & de reduire en cinq cent volumes aſſez conſiderables, ce que je n'euſſe pû renfermer en plus de mille, ſi je ne les euſſe tous remplis de figures de part & d'autre. Il me ſemble que je n'y ay pas mal réuſſi, puis que d'ailleurs les anciennes Eſtampes ne ſe gaſtent point eſtant ainſi oppoſées les unes aux autres, quand elles ſont bien ſeiches, & d'une bonne impreſſion.

Il y a neantmoins une methode en ces choſes là que

que j'ay gardée pour les mettre proprement ſans
groſſir trop le milieu d'un Livre, quoy qu'il ne
faille pas auſſi toûjours y apporter tãt de curioſité,
qu'il n'y euſt rien du tout à deſirer, pourvû que
d'ailleurs les pieces ſoient bien cõſervées, & qu'elles s'y voyent ſans incommodité. Il n'eſt pourtant
pas neceſſaire de les y coller à plat, & ſur tout,
les pieces rares & precieuſes des grands Maiſtres,
qui ſe trouvent quelquesfois ſi malaiſément, à quoy
peu de colle de farine ou d'amidon, peut ſuffire
aux quatre coins ſur de beau papier, dont la dé-
pence auſſi bien que de la Relieure des Livres eſt
aſſez conſiderable.

Cependant s'il faut parler de leur utilité pour
l'inſtruction de ceux qui les aiment, ou pour for-
mer l'eſprit d'un jeune Prince, il eſt certain que
les Eſtampes bien choiſies & bien diſpoſées donnent agreablement la connoiſſance, non ſeulement de toutes les Sciences, & de tous les beaux
Arts, mais encore de toutes les choſes imaginables.

La Grammaire y trouve ſes elemens, c'eſt à dire
ſes lettres, ſes ſyllabes, ſes mots, & ſes conſtru-
ctions par des figures artiſtes qui expriment toutes ces choſes en diverſes manieres. Albert en a
meſmes fait des Livres entiers, & nous avons de
plus quarante ſortes d'Alphabets, Hebreux, Grecs,
Latins, & de toutes les autres langues, ſans parler
des Hyeroglifiques des Egyptiens, & des peuples
de l'Orient, avec leurs explications, outre les Livres que nous avons encore d'eſcritures Italiennes,
Françoiſes, Alemandes, Armeniennes, & autres de
plus de cinquante Maiſtres fameux, avec leur para-
phes, & mille traits de plumes ingenieux.

L'Arithmetique y trouve ſes nombres, ſes chif-

tres ses additions, & ses souftractions en diverses
manieres.

La Rethorique y rencontre ses figures d'éloquen-
ce, & ses parties d'oraison.

La Dalectique & la Logique n'y sõt pas destituées
de leurs propositions affirmatives, negatives, uni-
verselles & particulieres, non plus que de leurs
synonimes, entimesmes, & silogismes dans tous
les modes qu'ils se peuvent imaginer.

Les voix & les tons de la Musique s'y font presque entendre sur le papier, on y voit en quelque
forte sa melodie & la symphonie de tous ses instru-
mens, avec ses tablatures, ses games, & ses com-
positions diverses.

Toutes les parties de la Mathematique s'y representent à l'œil, non seulemēt pour ses Elements,
& pour tout ce qui dépend de la Geometrie, avec
tant de fortes d'instruments, de regles, & de compas de proportion, mais encore pour toutes les
choses qui dependent des Mecaniques, où sont
comprises les Machines de guerre, & celles qui ser-
vent à faire agir le feu, à presser l'air, & à faire re-
muer la terre & les eaux, avec les inventions d'une
infinité de beaux Arts.

L'Astronomie & Astrologie y découvrent mille
secrets très curieux dans leurs divers sistémes, elles
y content plusieurs Cieux, avec toutes leurs con-
stellations, & leurs mouvemens si reglez, les Co-
metes & les autres Estoiles errantes & fixes y sont
diligemment observées. On y reconnoit mesmes
les Monstres, les prodiges & toutes les choses
extraordinaires qu'on y a vû paroistre de temps en
temps. Toutes les Spheres y sont agreablemēt d'es-
crites, & on y voit encore, s'il faut ainsi dire, des

Tables Topographiques du Soleil & de la Lune.

Toute la Physique s'y dépeint depuis le centre de la Terre jusques aux Estoiles : Car on n'y a pas mesmes negligé les Minieres, les licts des Metaux, les sources des Fontaines & des Rivieres, les Plantes, les Herbes, les Fleurs, & les Arbres, non plus que les Reptiles, les Poissons, les Bestes, & les Oyseaux, dont il y a tant d'especes differentes. Et certes, tous ces Livres-là sont tres-curieux, & recherchez avec un grand soin.

Il y a en a aussi de Squelettes & d'Anatomies.

Il y en a de distillations & de mille singularitez de la nature.

Il y en a d'Habits & des humeurs de toutes les Nations, & des conditions differentes de tous les hommes.

Il y en a de toutes sortes de Guerres & de Combats de terre & de mer.

Ils'y en trouve de toutes sortes de Mestiers, & d'exercices honnestes & serviles.

Plusieurs representent des Funerailles, & des manieres diverses d'honnorer la memoire des vivans & des morts.

Il y a mesme des Livres de Tortures, de Massacres, & de Supplices.

Il y en a de Pompes, de Cavalcates, de Triomphes, & d'Entrées de Villes.

Les Cartes Cosmographiques & Geographiques d'écrivent toutes les parties du monde, & toutes les Provinces connuës de la terre habitable.

Le Theatre des Villes est encore considerable sur ce sujet.

Et s'il falloit parler des choses de l'Architecture, combien en auons nous de traitez differens, & de

representations agreables, d'une infinité d'ornemens qui s'y employent dans tous les ordres que
les plus grands Architectes se sont imaginez, aussi
bien que de la coupe des pierres?

Les fortifications des Places & des Ports de
mer, concernent la mesme discipline.

Les Perspectives, les Cirques, les Naumachies,
les Theatres, & les Amphiteatres sont de ce nom-
bre-là, aussi bien que les Livres de l'Optique, de la
Dioptrique, & de l'Art de faire des Cadrans.

Les Jardinages, & les Fontaines y ont beaucoup
de rapport.

L'Orfevrie, la Menuiserie, & les Arts de tous
ceux qui travaillent en fer, ou qui fabriquent des
Estofes façonnées sont dignes ensuitte d'estre con-
siderez.

Il n'y faut pas non plus oublier les Livres de
Tapisserie, de Broderie, de Reseüils, de Dentelles, & de pieces emportées.

Mais les Statuës & les Medailles antiques & modernes, & toutes ces basses tailles qui nous sont
restées de l'Antiquité, avec les Camaieux, les Ca-
chets & les Sceaux des Princes ne le meritent pas
moins. Ce que nous avons complet dans nos Livres d'Estampes, & avec beaucoup plus de nette-
té, qu'on ne le sçauroit voir sur les Originaux,
quand on les auroit tous recueillis dans un seul Cabinet, ce qui n'est point, & ne sçauroit estre as-
seurément, quelque soin qu'on y pust apporter;
Parce qu'enfin il y a des choses qu'on ne tire pas
aisément des Cabinets des grands Princes & des
Roys où elles sont singulieres, & ne se peuvent
plus trouver que dans les representations qui s'en-
voyent dans nos Livres d'Estampes. Cependant

tout cela sert grandement aux connoissances de l'Histoire ; mais principalement avec les discours & les explications qui s'en rencontrent dans les Livres qu'on en a composez exprés.

Cecy me fait encore souvenir de tant d'inscriptions rares qu'on a tirées des tombeaux des personnages illustres, & d'un si grand nombre de devises, lesquelles on a recueillies des Monumens antiques, ou qu'on a inventées de nos jours.

Nous avons en representation des Tournois, des Mascarades, des Balets, & des Comedies, où les personnes puissantes ont si souvent cherché du divertissement.

Nous avõs de la mesme sorte de Seances d'Estats, & de Conciles, & de toutes sortes de Ceremonies.

Les Histoires saintes & prophanes, aussi bien que les fables heroïques & vulgaires sont representées dans nos Livres d'Estampes.

Les Proverbes mesmes n'y ont pas esté oubliez, non plus que beaucoup d'avantures facecieuses : car je n'ay rien voulu negliger dans cette sorte de curiosité.

Et c'est pour cela mesme que j'y ay recueilly un fort grand nombre de païsages, & de ruïnes diverses, de Villes, de Chasteaux, de Forests, de Marescages, de Rivieres, de Mers, de Tempestes, & de Naufrages.

Il y a encore des Livres de Vaisseaux, & de pieces Maritimes.

Il y en a un grand nombre d'Armoiries recueillies ensemble, tant des Nations Etrangeres, que de la France, les unes toutes simples, & les autres enrichies de leurs ornements, lesquelles ne sont pas inutiles à la connoissance de l'Histoire.

Il y en a jusques aux marques des Chevaux.

Quant aux Portraits des Personnages illustres, le prodigieux nombre que j'en ay recueilly de divers Maistres, se verra marqué cy-aprés.

Je n'ay pas negligé de ramasser aussi plusieurs pieces où sont representées les figures qui s'expriment sur les pains à chanter.

Et pour les œuvres des grands Maistres (ce qui est le plus considerable,) le dénombrement s'en fera cy-apres, attendant que l'on travaille à l'édition de mon Histoire des Peintres, où il sera parlé plus amplement de chacun d'eux, sans que je comprenne au nombre des pieces que j'ay recueillies toutes celles qui se trouvent dans plusieurs Livres des Sciences & des Arts que j'ay marquez cy-devant, je dis *toutes*, parce qu'il y en a quelques-unes des principales que j'ay crû n'y devoir pas estre obmises.

Cependant si ce grand Recueil que j'ay fait tombe un jour en quelque main puissante, il luy sera facile d'y adjoûter les choses qui y manquent pour le rendre toûjours plus parfait; puis qu'à mesure que les beaux Arts se multiplient, les excellents Ouvrages de cette qualité s'augmentent aussi de jour en jour; & il s'en peut encore trouver quelques-vns des Anciens qui ne sont pas venus à ma connoissance, lesquels il y faudroit adjoûter aux lieux où ils pourroient manquer, ce qui seroit fort facile par l'ordre que j'y ay apporté. Et certes, il est tel par la connoissance que je me suis acquise en ces choses-là, que si je voyois une piece antique ou moderne, je m'appercevrois tout aussi-tost, si je l'ay mise en sa place, ou si je ne l'ay point du tout. Ce qui seroit peut-estre mal-aisé à croire d'un

nombre auffi prodigieux que l'eft celuy des Eftampes que j'ay affemblées, fi je ne l'avois éprouvé
plufieurs fois. Mais le difcernement des noms, des
fujets, & des manieres, avec un peu de memoire
locale fait tout cela fans beaucoup de peine : Et
quand cela ne feroit pas, l'inconvenient n'en eft
pas de grande confequence, pourvû d'ailleurs
qu'on fçache l'Art de ranger chaque chofe en fon
lieu.

De toutes lefquelles chofes, j'ay recueilly Cent
vingt-trois mille quatre cent pieces, de plus de Six
mille Maiftres, en Quatre cent grands Volumes,
fans parler des petits qui font au nombre de plus
de Six vingts, ce qui ne feroit peut-eftre pas indi-
gne d'une Bibliotheque Royale, où rien ne fe doit
negliger.

Il fe rencontre donc entr'autres chofes dans le
prodigieux amas que j'ay fait pour cette forte de
curiofité plus de 17300 Portraits. 3150 Images
diverfes de la Vierge, tantoft avec l'Enfant Jefus,
& tantoft feule, entourée des rayons de la Gloire,
où il y en a 82 de Raphaël. 10 de Michel Ange. 73
des Carraches. 39 en clair obfcur. 28 de Rubens.
34 de Jules Bonafone. 87 de François de Parme.
24 de Vanius. 47 de Marc-Antoine. 11 de Goltzius. 15 de Vandick. 9 de Lucas de Leyde. 23
d'Albert. 8 de Correge. 89 du Guide. 17 de
Cherubin Albert. 5 de Schiaminofe. Sans rien
dire icy des pieces Morales, Emblematiques, hi-
ftoriques ou profanes de Raphaël, de Titien, de
Jules Romain, de Raphaël de Regge, de Jules
Bonafone, de Marc-Antoine, du Parmefan, de
François de Bologne Abbé de S. Martin, des Baf-
fans, du Tintoret, de Barroche, de Vanius, du

Correge, du Guide, de Tempeſte, de Caralius,
de Pietre Teſte, dé Pietre de Crotone, de Pouſſin,
de Polidore, de Villamene, de Cherubin, dé Maiſtre Roux, de Martin Rota, d'Eneas Vicus, des
Sadelers, & de pluſieurs autres qui feront nommez cy-aprés.

Il y a pluſieurs ſuittes de la Geneſe, & des autres
hiſtoires de la Bible; mais outre cela, il s'y trouve
23 fois l'Image de la creation du Monde. 121
Eſtampes d'Adam & d'Eve. 16 de Cain qui tuë ſon
frere. 15 du Deluge univerſel, & de Noé. 53 d'A-
braham. 31 de Loth. 23 de Sanſon. 96 de David.
25 de Salomon dans ſa gloire. 49 de Moyſe. 83 de
Judith. 43 de Suſanne. Il y a 11 fois les Prophetes. 12 fois les Sibyles. 119 fois les Apoſtres. 68 fois
les Evangeliſtes. 24 fois les Docteurs de l'Egliſe.
Il y a 101 Regards de noſtre Seigneur & de la
Vierge. 19 fois le Mariage de la ſainte Vierge &
de ſaint Joſeph. 31 fois la Vie de noſtre Seigneur.
10 fois la Vie de la Vierge. 45 Preſentations de
la Vierge. 203 Annontiates. 64 Viſitations.
294 Nativitez. 23 pieces de l'Ange qui parle aux
Paſteurs. 20 Circonciſions. 151 Adorations des
Mages. 129 fuites en Egypte. 63 fois le Maſſacre
des ſaints Innocens. 60 fois le petit Jeſus. 17
fois Jeſus dans le Temple à l'âge de douze ans.
46. fois le Bapteſme de noſtre Seigneur. 98 fois
l'hiſtoire de ſa Paſſion. 77 fois ſa Cene. 60 fois
la priere & la priſe de noſtre Seigneur au Jardin.
58 Flagellations. 20 Coronations d'épines. 133
fois l'*Ecce Homo*. 71 fois Jeſus portant ſa Croix.
59 Veroniques. 430 Crucifix. 172 Deſcentes de
Croix. 189 fois le Chriſt mort. 88 Sepulchres de
noſtre Seigneur. 13 Deſcentes aux Enfers. 119 Re-
ſurrections.

furrections 68 Apparitions de noftre Seigneur
apres fa Refurrection. 38 Afcentions. 54 fois la
defcente du faint Efprit. 57 fois l'image du Sau-
veur. 16 Trefpas de la Vierge. 98 Aſſomptions.
24 Coronations. 36 Samaritaines. 63 fois le dernier Jugement. 35 fois la gloire des Saints. 13 Apo-
calypfe. 12 fois la Transfiguration de noftre Seigneur.

87 fois faint Michel. 17 fois faint Jofeph. 178
fois faint Jean Baptifte. 32 fois S. Pierre & faint
Paul enfemble. 66 fois faint Pierre Apoftre. 51
fois faint Paul. 10 fois S. Jacques, & ainfi des autres Apoftres à proportion. 41 fois faint Eftienne.
43 fois S. Laurent. 113 S. Sebaftien. 64 fois faint
Georges. 61 fois S. Chriftofle. 21 fois S. Nicolas.
23 fois S. Martin. 226 fois S. Hyerofme. 45 fois
S. Auguftin. 70 fois S. Anthoine. 34 fois S. Roch.
41 fois S. Benoift. 27 fois S. Bruno. 24 fois faint
S. Bernard. 224 fois S. François. 27 fois S. François de Paule. 40 fois S. Ignace, & ainfi à proportion des autres faints Martyrs & Confeffeurs. 205
fois fainte Marie Magdelaine. 19 fois fainte Anne.
133 fainte Catherine. 40 fois fainte Cecile. 52 fainte Barbe. 31 fainte Marguerite, & ainfi de plufieurs
autres, avec des 14 15 & 16 fois les mois de l'année, les Saifons, les Elements, les quatre parties
du Monde, &c. & de plus encore 60 deffeins à la
main de Maiftres confiderables.

J'ay parfaitement aimé ces chofes là, & je les
aime encore. Mais par je ne fçay quelle étrange
fatalité qui ne fouffre pas long-temps à toutes fortes de perfonnes une jouïffance fi agreable : &
n'ayant pas d'ailleurs dans ma famille des perfonnes affez riches, ou affez curieufes de ces chofes là,

pour se les conserver, j'apprehende bien qu'aprés
ma mort, elles ne se dissipent, & que tout d'un
coup, un corps qui s'est formé peu à peu de diverses parties, de plusieurs endroits avec assez de dif-
ficulté, ne vienne à se démembrer : Car il n'est
pas croyable qu'il fust bien aisé d'en faire autant,
en peu de temps, ayant ramassé ensemble avec
soin, ce que les principaux Curieux en ce genre
là avoient recueilly de tous costez à grands frais.
C'est pourquoy j'en ay bien voulu laisser un estat
au Public, pour luy faire concevoir au moins jusques à quel point se peut porter cette sorte de curiosité, où il se rencontre tant de choses agreables,
& si utiles pour l'instruction d'un jeune Prince par
l'industrie de quelqu'un qui en sceust bien user.

Il est certain aussi que de toutes les choses qu'on
estime pour servir à l'embellissement & à l'augmentation d'une grande Bibliotheque, il n'en est
point de plus belle ny qui puisse moins coûter. Non
pas que les Livres d'Estampes ne soient beaucoup
plus chers que les autres Livres; mais parce que
les choses qui s'y trouvent, lesquelles sont quelquesfois si rares, ne coustent rien en comparaison
des pieces en huile, sur le bois, ou sur la toile, de
la main de ceux qui se sont acquis le plus de reputation en l'Art de Peinture, sans parler des Ouvriers qui ont excellé en Sculpture & en Architecture, dont les Ouvrages ne se peuvent transpor-
ter d'un lieu à autre. Cependant l'esprit de toutes
ces choses là, se trouve en peu d'espace dans un
tel Recueil que celuy que j'ay fait, duquel voicy
un simple Inventaire attendant que je puisse mettre au jour un plus grand Ouvrage que j'ay composé sur ce sujet, où je feray mention de plus de

huit mille perfonnes de diverfes Nations, qui ont excellé, ou qui du moins fe font acquis de la reputation en l'Art de Portraiture, de Peinture, & de Sculpture. J'y comprendray auffi l'Hiftoire des fçavans Architectes, des meilleurs Maiftres d'Efcriture, & de ceux qui ont travaillé avec le plus de fuccés en Broderie, en Orfévrie, en Menuiferie, en Miniature, en Peinture fur le verre, en Emaux, ou qui fe font fignalez par leurs admirables Ouvrages en Fonte & en Poterie.

Je commenceray cét Inventaire par les Maiftres dont les Oeuvres font eftimées entre toutes les autres, & puis je viendray aux Livres de ceux qui font de moindre reputation. En fuitte dequoy, je reprendray les Ouvrages de ceux qu'on appelle les vieux Maiftres & les petits Maiftres, qui font auffi grandement eftimez : Tout cela fuivant les cottes des Livres qui font marquez par les lettres capitales de l'Alphabet, lequel y eft reïteré plufieurs fois, & multiplié à proportion de leur nombre par les chiffres Romains, avec le chiffre Arithmetique pour la quantité des Volumes. Mais fans repeter icy les lettres de l'Alphabet, (ce qui feroit ennuyeux) je me contenteray de marquer chaque article par le chiffre Arithmetique, ou par le nombre Romain des mefmes Livres.

I. RAPHAEL D'VRBIN.

L'OEVVRE de ce Peintre fameux, contenuë dans un Livre en double feüille, relié en Marroquin de Levant, est de 740. pieces, dessinées & gravées par luy-mesme, par Marc-Anthoine, Augustin Venitien, Silvestre de Ravenne, Nicolas Beatricius, Jules Bonasone, le Burgean, Lanfranc, Cherubin Albert, Andreas Andreatius de Mantouë, François Parmesan, Villamene, Goltzius, Georges Mantuan, Augustin Carrache, Corneille Cort & Corneille Buz, Eneas Vicus, Diana Mantuana, Adam de Mantouë, Corneille Bloemar, Leon d'Aven, Nicolaus Verdura Prestre de Savonne, Raphaël Schiaminose, Baptiste del More, Georges Pents, François Perrier, Martin Rota, Giles Rousselet, François Poilli, Lucas Vosterman, Pierre Scalberge, Philippe Thomassin, Simon Bernard, Carlo Maratti, Lombard Lomb, Pierre Lombard, Baptiste Franc, Iean Baptiste Franceschi, & Jean-Baptiste de Cavallerijs, Philippus Dattus, Theodore Mathan, Gislebert Venius, Nicolo Francesco Mafei, Lucas Guarinoni, Ioachim Sandrart, le Badalocchi, Nicolas Chapperon, Pierre Soutman, Pietro Santi, Sebastien Vovillemont, Paulus Pontius, VVenceslas Holar, Iean Morin, Sebastianus à Regibus, Corneille Met, Hierosme Cock, I. Troyen, Remy VVibert, Pietro Santi, & plusieurs autres sans nom, dont les ouvrages ont esté debitez à Rome & ailleurs, chez Antoine Salamanque, Antoine Laffreri, Thomasius Barlachius, Horatius Pacificus, Petrus Stephanonius, Michaël Tramesinus, Nicolo Van Aolst, Hieronimus Cock, Gio Batt. Rossi, Iean Meyssens & autres.

II. MICHEL-ANGE BONAROTE.

Il estoit de Florence, grand Peintre, grand Sculpteur & grand Architecte, dont les Ouvrages ont esté gravez par Jean-Baptiste Mantan Milannois, Adam de Mantouë, Jules Bonasone, Augustin Venitien, Estienne du Perac, Jacques Mercier François, Jean Bapt. de Cavalleriis, Matthieu Greuter, apres Carlo Mederli, Georges Mantuan

Cherubin Albert, Corneille Cort, Nicolas Beatricius, Leon d'Aven , Denis Cuerembert , Antoine Tempeste, Pierre Biart, Theodore Mathan, Eneas Vicus de Parme, Philippus Sirceus , Sebaftianus à Regibus , Marc-Antoine, Martin Rota , Lucas Bertellus , Dominico Florentino, Q. Boël, Michaël Luccenfis & plufieurs autres. Son œuvre eft de 320. pieces.

III. LES CARRACHES.

C'eft à dire Annibal, Auguftin & Louys Carrache, dont les œuvres font contenuës dans un grand in fol. de double feüille de pieces exquifes & fingulieres dans une beauté extréme , peintes ou deffinées par eux mefmes, & par An-tonio Campo, Jacques Tintoret, Paul Veronefe , Denys Clavart, Raphaël de Regge, Laurentius, Sabadius de Bolo-gne, Jacques Ligoffe , Antoine Correge , François Vanius, Raphaël d'Urbin , Bernardus Caftellus , & Baltazar Per-rucius de Sienne; le tout encore gravé par eux-mefmes , & par Pietro & Jacomo Antonio Stephanoni , fans parler des pieces qui ont efté faites apres eux par Karle Audran , Mi-chel l'Afne; François Brice, Gilles Rouffelet, Pierre Daret, Pierre Lombard , François Collignon , Raphaël Sadeler, Giles Meftaert , François Tortebat , Simon Guillain, Corneille Blocmar , Nicolas François Maffeo , Hierofme Rous, Jean-Baptifte Pafcalin , Jean Couvai , Theodore Keffel, Charles Marat, Luc Voftreman , Coriolan , Eftien-ne Colbents , Pierre de Balliu , Pierre Lefibeten , François Steer , Corneille Caukercken, Nicolas Pitau, Jean Morin, Carlo Cæfio, Pierre Delpo , Fides Gallitia, Jean Baronius , Luc Ciamberlan , Michel Natalis , G. le Juge Francefco Paria , Luigi Scaramutcia , Francefco Perugino , I. Per-fin ; Jacques de Billi , Corneille Galle , Nicolas Mignar, & par d'autres qui n'ont point marqué leur nom , dont les pieces fe vendoient autresfois chez Lucas Bertelli, Mattheo Florini, Mara Clodio, Horatio Bertelli , Nicola Van ftelft, Chriftophoro Blanco, Donato Raffoti, I. Paulini, Gafparo da Lælio & Andrea Vacario. Il s'y trouve en tout 784. pieces.

IV. CLAIR OBSCVR.

Le Livre qui contient les pieces en clair obfcur, c'eft à dire, de pieces de divers Maiftres, exprimées de trois couleurs, par le moyen de trois planches diverfes , eft d'un double

infolio, apres les excellentes œuures de Raphaël d'Vrbin,
de Michel-Ange, de Titien, de François Parmesan, de Vanius, & de Micarins de Sienne, du Guide, de Frideric Barroche, du Palme, de Ligosse Veronese, de Raphaël de Regge,
d'Holbeins, de Lucas, d'Albert, de Luvino, de Vignole,
d'André del Sarte, de Maistre Roux Florentin, de Maïr,
de Pierre Paul Rubens, de Giuseppe Scolari Peintre de Vi-
cence, de Lucas Cranis, de Juan Fortuna Fortunius, de Jean
Balognese sculpteur excellent, de Mathurin, de Polydore
Caravage, de Bernard Malpuce de Mantouë, de Jules Romain, d'André Manteigne, de H. Burgmair, de Franc Flore,
de Georges l'Aleman, de François Perrier, & de plusieurs
autres Maistres anciens & modernes. Tout cela dessiné &
gravé par Andrea Andriani de Mantouë, Nicolas Rosillia-
nus de Vicenze, le Chevalier Bartholomeo Coriolano,
Hugues de Carpo, Dominique Falcine, & par autres qui
n'ont pas marqué leurs noms. Ce Recueil est de 5 o o pieces
d'une beauté singuliere, où il y en a une entr'autres de la propre main de Raphaël, qui est une fuite en Egypte, où la
Vierge qui porte son Enfant, passe sur vn Pont sous la con-
duitte de Ioseph, qui tient l'Asne par la bride. Ce Livre est
certainement tres-considerable.   5 o o pieces.
  V. Ce Livre en grandes doubles feuilles, & couvert en
veau fauve contient les œuvres de dix-huit Maistres fameux d'Italie, que je nommeray en suitte.
                FRIDERIC BARROCHE.
  De la Ville d'Vrbin, dont j'ay recueilly 32. pieces considerables, lesquelles sont toutes grandes & bien choisies,
gravées par luy-mesme, & par Philippe Thomassin, Theodore Galle, Statius Flamen, Raphaël Schiaminose, Laurentius Vacarius, Corneille Cort, Baptiste de Parme, Raphaël Guidi, Gisbertus Venius, Giles Sadeler, Jean Sadeler
le jeune, Adrian Collaert, François Villamene, Lucas
Ciamberlanus, Pietre de Jode, Augustin Carrache, & par
quelques autres, qui n'ont pas marqué leur nom.
                JACQVES TINTORET.
  De Venise. Il y a 50. Pieces de Jacques Tintoret, gravées
& dessinées par Victorius Classicus Sculpteur & Architecte,
Loüys Pozzozorat Flaman, François Chauveau, I. Troyen,
Lucas Vosterman, Van Hoij, Claude Melan, Ossenbeck,
Juste Sadeler, Carlo Sacco, Gilles Sadeler, Odoard

Fialetti, Lucas Kilian, Pierre Lifibeten, Theodore Mathan, Nicolas Bravu, Dominique Cuftos, Auguftin Carrache, Carus Viffcher, Raphaël Sadeler, Dominique Tintoret, Theodore Keffel, & autres qui n'ont pas marqué leur nom.

PAUL VERONESE.

Son œuvre eft de 58. Pieces gravées par luy-mefme, & par Auguftin Carrache, Q. Boël Theodore, Van Keffel, I. Troyen, P. Lifibeten, V. Hoij, Pierre Brebiette, Venceflas Hollar, M. Sadeler, Mattheo Piccioni, Carlo Sacchi, VVolfang Rilian, François Villamene, Jacomò Picino, E. Bonnejonnæ, Henry Vander Barcht, Theodore Mathan, Nicolas Cochin, Iean Saenredan, Gio Bapt. Vanni, Michel l'Afne, Bapt. Fontane, & autres qui n'ont point marqué leur nom.

FRANÇOIS & IOSEPH SALVIATTI.

L'œuvre de ces deux cy eft de 18. pieces toutes grandes, lefquelles ont efté gravées par Diana Mantuana, Iacques Mathan, Philippe Thomaffin, M. Sadeler, Iean Bapt. de Cavalleriis, VV. Hollar, Jufte Sadeler, Eneas Vicus de Parme.

IACQUES LIGOSSE.

Nous avons recueilly de luy 11. Pieces gravées par Dominique Cuftos, Auguftin Carrache, Theodore Galle, Raphaël Sadeler, Dominique Falcinc, Philippe Thomaffin, André Andreaffi & autres qui n'ont point marqué leur nom.

POMPEIO AQUILANO.

En 13. grandes pieces gravées par Heratio de Santis, Raph. Sadeler Bath. de Cavalleriis, Phil. Thomaffin.

LE PODERNONE.

En dix pieces de la graveure de I. Licinius, I. Troyen, Oliviero Cattipicentino, & d'Odoard Fialetti.

MARCO ANGELO DEL MORO DE VERONE.

En 30. pieces gravées par Benedetto Stephani, par luy-mefme apres Raphaël d'Urbin, Jules Romain, Titien, Bernardin de Cremone, Andrea del Santo, François Parmefan, & autres, toutes pieces tres-confiderables, par Jacques de Verone, Oricate Comelli.

BAPTISTE DEL MORO, ET BAPTISTE, IULES ET DOMINIQUE FONTANE DE VERONE.

En 144. pieces toutes confiderables, plufieurs defquelles

font apres le Titien, & Fr. Parmefan, & font deffinées ad-
mirablement, & entr'autres fon grand Jugement, fon por-
tement de Croix, fon S. Jean dans le defert, fon S. Pierre le
Martyr de l'Ordre des Dominicains, fon S. Laurent fur le
Gril gravé par Jacques Franha, & le refte. Il a fait par deux
fois differentes l'Hiftoire de Romulus, l'une en vingt-fept
pieces, auec des infcriptions Latines, & l'autre en 6. pieces,
auec des infcriptions Italiennes. Il y a quatre paifages de
luy entr'autres tout a fait excellens, & dignes du Titien
de l'Année 1557. On y peut voir auffi fon Andromede. La
Religion de Cefar fe profternant toute nuë devant la Va-
leur & la Paix, eft de Jules Fontane. Dominique Fontane
inventa les machines neceffaires pour l'elevation de l'obe-
lifque, du temps du Pape Sixte V.

Federic et Thadeo Zuccharo de S. Ange.
J'ay recüeilly de ces deux Peintres fameux de la Ville
d'Urbin, 41. pieces gravées par Corneille Cort. Et Frideric
Zucchre, qui a travaillé à l'Efcurial pour le Roy Catholique,
y a peint & gravé un S. Ierofme qui écoute les difcours de
la Pieté Chreftienc, au deffous d'un Chrift mort, foufte-
nu par un Ange au pied de la Croix. Raphaël Sadeler a
gravé fon Annontiaté entre les Prophetes & les Docteurs,
apres Corneille Cort, & fes autres Graveurs, auffi bien que
de Thadeo fon frere ont efté Ph. Thomaffin, Jacques Mat-
tan, Corneille Galle, Pietro Stephanoni Cherubin Albert.
Ce qu'il y a de plus beau de Thadeo eft fa Converfion de S.
Paul, & le Martyre du mefme Saint.

George Ghisi Mantuan.
Il y a cinquante pieces de celuy-cy recüeillies dans ce
Volume, & entre'autres les fix grandes Voutes de Michel-
Ange, d'une beauté finguliere auffi bien que les autres pieces
qu'il a faites apres Jules, Romain, & Jules Mantuan, Fran-
çois de Bologne, Angilo Branzini, Julius Campus de Cre-
mone, Perrin de la Vague appellé *Pirinus*, Lucas Penis, &
Theodoro Ghifi.

Diana Mantuana. Fille de Iean Baptifte Mantuan.
Citoyenne de Volaterre, dont nous avons le Portrait, a
gravé apres Raphaël, Antoine Correge, Federic Zucchre,
Iulio de Campi, Georges Vafari Aretino, Raphaël de Regge,
Iean Baptifte Mantuan fon pere, qui eft une defcente de
Croix, Parifi Romano. Sa plus confiderable piece eft la
grande

la grande Bacchanale de Jules Romain , qu'elle grava
avec Privilege du Pape Gregoire XIII. & qu'elle dédia au
Seigneur Claude Gonzägues, en 1575. & encore le bas relief
antique du mesme Jules Romain , qu'elle dédia au Seigneur
Scipion Gonzague.

ADAM MANTUAN.

A gravé 90. pieces de Statuës diverses dessinées & figurées par Michel-Ange , & encore quelques autres apres Raphël , & Jules Romain jusques au nombre de 114 pieces.

Autres Pieces contenuës dans ce mesme Volume

Jusques au nombre de 21. & entr'autres le Triomphe
d'André Dorie du dessin de M. Egnace Dante de l'Ordre
des Predicateurs, qu'il peignit par le commandement du
Pape Gregoire XIII.

Le Martyre de sainte Catherine sur la Rouë de I. Romain,
& quelques autres pieces apres Raphaël d'Urbin , Ferrau
Fensonius de Faense , d'Hippolite Andreasius , de Iean Baglioni & de quelques autres, tout cela contenu en ce volume
de 615 pieces.

VI. JULES ROMAIN.

L'œuvre de ce Peintre fameux Disciple de Raphaël , &
qui a porté aussi le nom de Jules Mantoüan, parce quil avoit
travaillé fort long-temps à Mantoüë , est contenuë dans un
grand Volume de doubles feüilles, au nombre de 216. pieces
gravées & dessinées par luy-mesme , & par Leon Daven ,
Diana Mantuana, Aresso Donato, Bertelli , Michaël Lucensis, Jules Bonasone , Baptiste Franc , George Pentz ,
Georges Mantuan, Beatricius, Adam Mantuanus, F. Bourlier , Pierre Santes, VV. Hollar , I. Troyen , Phil. Galle
& plusieurs autres qui n'ont pas marqué leur nom.

IEAN BAPTISTE BERTANO MANTUAN.

Ce Peintre a fait aussi quelques pieces que j'ay renfer-
mées dans ce mesme volume , lesquelles il a gravées luy-
mesme , ou par Georges Ghisi Mantuan, comme son Jugement de Paris , sa Procris, son Sinon & sa prise de Troye.

BACCIO BANDINEL.

Son œuvre est contenuë dans le mesme volume , avec son
portrait fait par luy-mesme , & par Nicolo de la Casa , son
Academie des Peintres est gravée par Engas Vicus , & son
Martyre de S. Laurent, par Marc Antoine, ses Innocents
par Sylvestre de Ravenne. Ses autres pieces ne sont pas

D

marquées des noms des Maiſtres qui les ont faites.

JACQUES FLORENTIN.

Il y a ſa Nativité de la Vierge, gravée par Jules Bonaſone, & ſa Pomone qui preſente ſes fruits à Apollon.

LIVIUS AGRESTUS.

Il y a ſon Chriſt de douze ans parmy les Docteurs.

PHILIPPUS DATUS.

A fait le Songe de Raphaël d'une beauté exquiſe.

LIVIUS FORLIVETANUS.

La Cene du Seigneur, dediée au Cardinal de Sainte Seve-
rine , par Gaſpard Albertus ſucceſſeur de Palumbe, &
quelques autres gravées par I. Bapt. de Cavalleriis.

IEAN BAPTISTE DE CAVALLERIIS.

Sa deſcente de Croix, ſon Crucifiement, ſa Reſurrection
de Livius Agreſtus, ſon Chriſt multipliant les pains dans le
deſert, apres Raphaël qui eſt ſon chef-d'œuvre, ſon Navire de S. Pierre, apres le Tableau de Jotto Florentino, quelques autres pieces apres Raphaël d'Urbin , comme ſes Statuës de S. Pierre & de S. Paul, quelques autres apres Livius
Agreſtus, & le grand Navire de l'Egliſe fait par Aſcanius
Palumbus en 1559.

Tout le contenu de ce Volume de 377 pieces , la pluſpart
d'une feüille entiere.

VII. FRANÇOIS PRIMATITIO DE BOLOGNE, Abbé de Saint Martin.

L'œuvre de ce Peintre celebre du temps du Roy François I. fait la plus conſiderable partie de ce gros volume,
qui eſt de feüilles doubles, & conſiſte en 486 pieces de divers
graveurs, tels que Leon d'Aven, Georges Mantuan, Dominique Florentin , Diana Mantuana , Georges Mantuan,
Gr. Veroneſe, Jules Bonaſone, & autres.

LOMBARD LOMB.

Eſt dans le meſme volume, & ſon œuvre contient 27
pieces, les plus conſiderables deſquelles ſont le Lavement des
pieds des Apoſtres, & la Cene du Seigneur, pluſieurs pieces
de cét Autheur, gravés par Pierre Mirycinis, & par Hans
Collaert.

LAMBERTUS SUAVIUS.

De Liege, ſon œuvre eſt de 48 pieces, où ſont les Images
des douze Apoſtres debout, ſa Reſurrection du Lazare en
grand, eſt une de ſes plus conſiderables pieces, avec ſes

ſtatuës des Sibiles , & parmy cellés-là il s'en trouve une du Bronzin , qui eſt un Paſſage de la Mer Rouge.

LUCAS PENIS.

Son œuvre eſt de 28 pieces] d'une grande beauté , dont il y en a une de gravée par Martin Rota , quelques autres par René Boiven, par Georges Ghiſi de Mantouë, par Philippe Galle , & par d'autres qui n'ont point marqué leur nom. Le tout enſemble de 577 pieces.

VIII. FRANÇOIS VILLAMENE.

L'œuvre de ce Maiſtre , qui deſſinoit auſſi-bien qu'il avoit le burin excellent, a eſté recüeillie dans un grand vol. in fol. de double feüille , où ſe voit ſon Portrait gravé de la main de Jean Baptiſte Caſtantin , & contient 224 pieces, tant de ſon deſſein que des deſſeins de Raphaël d'Urbin , où ſont auſſi des copies qu'il a faites de quelques Ouvrages de Marc-Antoine , & encore des deſſeins de Ferrau Fenſonius Faventinus, d'Hippolytus, Andreaſius, de Marius Arconius, de Ventura Salimbene , de Paul Veroneſe , de Mucian , de Jean Antoine de Paulis pour l'Image de Sainte Marie du ſecours , d'Antoine Correge, d'Antoine Tempeſte, qui a fait une Cene de Noſtre Seigneur , où il y un morceau fait par I. Laurus , de Jean Baglioni , de Frederic Barroche , de de Michel-Ange pour ſon Jugement , de François Vanius, de Gaſpard Cælius , apres Simeon Moſchini ſculpteur ex-cellent, pour la ſtatuë d'Alexandre Duc de Farneſe, de Jean Lanfranc , de Joſeph Agellus Sorentinus , de Proſper Bri-xianus, de Jacques Zucca , de Joſeppin , de Camille Por-cacin , de Theodore Vanlon, de François Albane , d'André d'Ancoſne , de Gaſpard Cælius , de Jacques Barroche de Vignole pour le Chaſteau de Caprarole. Nous auons auſſi divers Portraits de Villamene , & la Pſiché de Raphaël.

IX. CORNEILLE CORT.

Graveur & deſſinateur excellent de Hollende, mais qui finit ſes iours à Rome en 1578. n'eſtant aagé que de 42 ans, a fait pluſieurs Ouvrages dont nous avons recüeilly dans un grand in fol. 151 pieces, leſquelles il a gravées, tant de ſon deſſin, que des deſſins de Francflore, de Frideric Zucchre, de Don Julio Clovio, de Polydore , de Marc de Sienne, de Raphaël d'Urbin , de Thadeo Zuccharo, de Frideric Bar-roche , de Bernardino Paſſaro , de Lorenzo Sabadino , de Titian , de Barthelemy Sprengers, de Paris Romain, d'Ho-

ratius Samachinus, de Jean Spekar, de Riccius Sancius, de
Marcellus Venuſtus, de Jean Stradan, de Hieroſme Mucian, dont l'œuvre eſt icy en ſuite, & apres ſe voit la Ville
de Sienne en quatre grandes feüilles du deſſin de Vannius.

Dans ce meſme Livre ſont autres grandes pieces de Paul
Veroneſe, de Carrache, de Barthelemy Breembergh, de
l'Hiſtoire de Joſeph qui eſtoit en honneur en Egypte, lors
que ſes freres y vinrent acheter du bled.

LE BRONZIN, ANGILO BRONZINI.

L'œuvre de ce Maiſtre contenuë dans le meſme Livre eſt
de 6. grandes pieces gravées par Lucas Voſterman, Hieroſme Cock, Lambert Suavius, Phil. Thomaſſin, & Jean
Bapt. de Cavalleriis.

Il y a auſſi une autre grande piece de la Coronation de
la Reine de Suede, par Corn. de Viſcher.

Cinq grands Portraits, une Image de S. Charles du Bru-
neleſchi, une grande Image de S. Anaclet Pape de Jean Frideric Greuter, apres Antoine Pomerange en double feüille.

Le deſſin du grand Theatre fait au grand Jeſus de Rome
par Nocolo Monoghini Sculpteur & ArchitecteRomain.

Un autre Theatre au meſme lieu, deſſiné & gravé par
Carlo Rainaldo.

Un grand Tabernacle du deſſin de Maiſtre Roux Florentin, gravé par Cherubin Albert.

Le Foudre d'André del Sarte, gravé par Ch. Albert.

La grande Cene d'André del Sarte, gravée par Theodore Cruger.

Un grand Crucifix entre les deux Brigans, d'une excellente main.

Deux grandes pieces en clair obſcur.

La grande Converſion de S. Paul de Fr. Salviati, deſſinée
par Franc Flore, & gravée par Eneas Vicus.

Une grande piece du Dominicain, repreſentant les œuvres de Miſericorde de Sainte Cicile, gravée par R. A.
Perſyn.

L'Academie des Peintres de Petrus Franciſcus Albertus.

Une grande piece du Guerchin, imparfaite.

Le feſtin des Nopces de Cana en doubles feüilles, d'Andrea Vicentino.

Le Saint Martin de Jacques Jordaens, gravé par Pierre
de Jode.

Le S. Nicolas de Corneille Schut, gravé par I. VVitdrek.

Une Vierge entre des SS. de l'Ordre de Saint Dominique, de Michel Angnolo Caravage, de la gravure de Lucas Vosterman.

39 Grandes pieces de Jacques Jordaens, d'Antoine Vandeik, de Gerard Seghers, d'Anibal Carrache, de Ger Hontboest, de G. Flink, gravées par Jacques Neeffs, Scheltius de Bolsuvert, P. Balliu, Paulus Pontius, Pierre de Jode, Marinus, & C. Vandalen. Tout cela ensemble faisant 224 pieces.

X. PIERRE PAUL RUBENS.

J'ay distribué les œuvres de ce Peintre, apres lequel on a fait plusieurs Estampes, en quatre endroits, dans un grand porte-feüille, dans un moindre, & dans deux Livres, les pieces du grand Porte-feüille, lesquelles sont aussi proportionnées à la mesme grandeur y sont au nombre de 108 & ont esté gravées par Lucas Vostreman, Paulus Pontius, Adrian Lomelin, Pierre de Jode le jeune, Nicolas Lauverts, Corneille Van Caukercken, Boetius de Bolsuvert, Schelte de Bolsuvert, P. Van Sompelen, Corneille Galle, Marinus, I. Suyderoeff, H. & Jean Vitdoeck, VVeenne, H. de Neit, P. Soutman, Alexandre Voet le jeune, Pierre Cloüet, Corneille Vischer, Jasques Neeffs, Aubert Cloüet, Pierre Balliu Coenr. Lauverts, Henry Snyers, Antoine Couchet, Nicolas Rickmans, François Vanden VVingaerde, Jacques Mathan, André Stock, Christophe Jeher en bois, & quelques-autres qui n'ont pas marqué leur nom, où j'ay adjousté les belles copies de François Ragot au nombre de 43 pieces.

Le petit Porte-feüille marqué S. 271 contient 85 pieces du mesme Rubens de la seconde grandeur, tant profanes que religieuses, lesquelles nous ont esté données par les mesmes qui ont gravé celles du grand.

Dans les deux Livres marquez Rubens 3. & 4. sont contenuës. Le tout ensemble 504. pieces sur les cottes S. 364. & T. 365. 268. pieces de la gravure de Corneille Galle, de A. Hanzelet, de Iean Collaert, de Theodore, Iean Van Merlen, apres Abraham Diepembeke, de VV. Hollar, d'Alexandre Voet, de Iacques de Neeffe, de Pierre Cloüet, de L. Vostreman, de Adrian Lomelin, de Iean Paine, de Matt. Borrekens, de Pierre de Iode, apres E. Quelins, de Iean Bapt. Bonacina, de Richard Collin, d'Oratio Bruni, apres Ruttilio Mannetti, de I. Jegers, de Theodore Galle, de Simon Paſſe, Iean Meyſſens, de Marinus le Veen, de Van Keſſel, de Guill. Paneels, de Leo Vanheel, de H. VVitthoüé, de P. Pontius, de B. Bolſuvert, de I. Voſtreman, de François Vanden VVigaerde, de François Vanden Steen, de N. Lauverts, de P. Balliu, de Nicolas Rickmans, de P. Soutman, de Jean Meyſſens, de P. Van Sonpel, de P. Van Schupen, de Conrad VVaumans.

XI.   GRANDES THESES.

Elles ſont de double grandes feüilles d'Italie, de Pologne, d'Allemagne, des Païs-bas, & de France. J'en ay recüeilly 88. des deſſins de Bolſuvert, de Jean François Romanel de Viterbe, de Lampugnanus, d'Abraham Diepenbeche, de Jean Van Hoeke Peintre de l'Archiduc, de Lemeus, de Richart Collin, de Corneille Corneliades d'Harlem de Sebaſtien Vanck, d'Alberto Ronchi, de Nicolas Van Aelſt de Bruxelles, de Valerianus Regnartius, de H. Goltzius, de Paul Giſnand de Peruſe, Seb. Jenet de Vienne, de Chriſtophorus Blancus de Loraine, du Chevalier Raphaël Vannius, de Pietre de Cortone, de Pierre du Laurier François, du Chevalier Paul Pin, de Nicolo Monghini Romano Scultore è Architetto, de Raphel d'Vrbin, de L. & B. Van Heil, de Jean Paul Blancus à Milan, d'Eraſme Quellins, de Pierre Peit Anglois, d'Antoine Pomerange, de Criſpin de Paſſe, de Rubens, de Jacques Calot, de Nic. Percy, de C. le Brun, de Champagne, de A. Paillet, de J. le Pautre, de Pierre Mignard, de Fr. Chauveau, de Robert Nanteüil, de Sebaſtien Baudin, de G. le Brun, de M. l'Aſne, de Gilles Rouſſelet, de Cl. Melan, de I. Blanchet François, de Claude Pereau ſtatuaire & Architecte de Paris, d'Abraham Boſſe, de L. Baugin, de Claude Iſaac, de P. Mignard de Troye, de Claude Vignon.

Toutes ces pieces-là, qui ſont tres-conſiderables, gravées par Frideric Greuter, Corn. Bloemar, P. Blancus, Paulus Pontius, François Vanden Steen, Lucas Voſtreman, Guillaume Vallet Pariſien, Iean Muller, Iacques Mathan beau-fils de Goltius, Theodore Mathan, Baronius, Adrian Lomelin, Franciſcus Gurrus de Bologne, Ceſar Baſſanus, Pierre Cloüet, Michel Natalis, Schelte de Bolſuvert, J. Paine Anglois, Jean Troſchel, Gabriel le Brun, François & Nicolas Poilli, N. Pitau, Pierre Vanſchuper,

J. Boullanger, Michel l'Afne, Gilles Rouffelet, B. Killian, Jacques Picinus.

XII. NICOLAS DE BRVYN.

L'œuvre de ce Maiftre, pour les pieces qui font en double feüilles eft contenuë auec d'autres dans un grand Portefeüille de pareille grandeur, au nombre de 67. Plufieurs de fon invention & d'autres apres Martin de Vos, Gilles Coninxloo, pour les Païfages de Samfon, de Moyfe jetté dans l'eau, du Iugement de Paris, des Enfans devorez pour s'eftre mocquez d'Elifée, &c. de Iean Breugle, de David Vinchbons, de Jacques Savery.

JEAN LONDERSEEL.

A gravé auffi plufieurs grands Païfages, comme ceux de Nicolas le Brun; apres J. de Hondeco, Gilles Coninxlo, Davidt Vinckboons, Hen Daenelfan, Iacques Saveri, Gilles de Houdecoutre. I'en ay recueilly environ une vingtaine, & il y en a deux autres de G. Suvanenburch, apres Davit Vinckboons, & entr'autres le grand Païfage des Orgies. Il y en a auffi de B. Adam Bolfuvert, apres le mefme D. Vinckboons, Giles Coninxlo, & J. Goëmare. En tout lefdits Païfages 92. pieces.

GILLES, JEAN ET RAPHAEL SADELERS.

Il y a 18. grandes pieces de ces trois Freres, apres Adrian de Vries de la Haye, Jean ab Ach, Chriftofles Schuvarts, P. Piazza, J. Tintoret, Frideric Barroche, Jofeph Heintz, Joffe de VVinge.

La grande Ville de Sienne Par F. Vannius.

La Cheute des Geants du Guide.

Ce Livre au grand Porte-feüille contient auffi plufieurs grandes pieces en bois apres le Titien, Micarins de Sienne, & de quelques autres.

Outre cela, le grand Arbre Genealogique de l'Ordre de S. François par Pierre de Jode, en feize grandes feüilles. Vn autre Arbre du mefme Ordre de pareille grandeur, par Gabriël Faber François, Procureur General de l'Ordre en 1633. En tout 132. grandes Pieces.

XIII. SALVATOR ROSA.

J'ay recüeilly les œuvres de plufieurs Maiftres, dans un grand volume couvert en Veau, le premieres defquels eft ce Salvator Rofa Peintre Romain, qui à luy-mefme gravé en eau forte de fon deffin 74. pieces lefquelles il a dédiez à fon amy Charles de Rubeis.

CARLO CÆSIO.

A gravé le Tableau d'Anibal Carrache, lesquels sont à Rome dans la Gallerie du Palais Farnese, contenant 48. pieces, il a aussi gravé les 15 pieces de Pietro de Cortone, lesquelles sont dans la Gallerie du Palais du Prince Pamphile.

IACQVES BELLI.

A gravé en eau forte 32. piece apres Annibal Carrache, lesquelles il a dediez à Monsieur le Marquis de Cœuvre.

FRANÇOIS TORTEBAT.

A fait aussi six grandes pieces apres Anibal Carrache.

PIETRE DE CORTONE.

A fait plusieurs pieces recueillies dans ce mesme volume, gravées par Corn. Charles Bloemart, Michel Natalis Charles Audran, Guillaume Chasteau, apres Guillaume Courtois, Gilles Rousselet, Iean Baptiste Bonacina, Dominique Barriere, Claude Melan, en tout 36 pieces de Pietro de Cortone.

POLYDORE CARAVAGE.

Dont j'ay aussi recueilly l'œuvre dans ce mesme volume, contenant 116. pieces gravées par luy-mesme, & par Cherubin Albert, Jacques Laurentian, J. Saenredum, Jean Bap. de Cavalleriis, Jules Bonasone, H. Galtzius, P. Lisibetius, Marinus, Corneille Cort, Sebastianus Clugiensis, Petrus Paulus Palumbus, Jean Baptiste Galestruzzi, Jacomo Marchucci, V. Hoij Offenbeck.

GVILLAVME CORTOIS.

Vne grande piece gravée par J. Bapt. Bonacina.

AVGVSTIN CIAMPELLVS.

Trois pieces gravées par Phil. Thomassius, & par Valerianus Regnartius. Vne autre d'Andrea Vicentino, & une autre encore de la sepulture du Pape Vrbain VIII.

NICOLAS POVSSIN.

I'ay aussi recueilly dans ce mesme volume 63. pieces de Nicolas Poussin de la Ville d'Andeli en Normandie, & le plus grand Peintre de son temps, gravées par J. Peine, L. Ferdinand, Charles Bloemart, M. Natalis, J. Couvai, Fr. Chauveau, Guill. Cortois Bourguignon, Jean Baronius, Fabritius Clarus, Antoine Garnier, N. Chapron, M. Dorigni, Nicolas Perelle, Guill. Chasteau, Cl. Melan.

Ce volume contient en tout 415. pieces.

XIV

XIV. IULES BONASONE.

L'œuvre de ce Maiſtre recüeillie dans un grand volume
in folio, couvert en veau, contient 332 pieces, leſquelles ont
eſté gravées de ſon deſſein, & des deſſins de Raphaël d'Urbin, de Michel-Ange, de Fr. Parmeſan, de Jacques Florentin, du Titien, de Tobie Cicchini Aalani, de Polydore,
de Fr. Primaticio, & d'autres de qui le nom n'a pas eſté marqué.

18. Autres pieces de Raphaël de Regge, de Titien, d'Alde-
grane, & de Virgilius Solis, de J. Saenredan, apres G.
d'Harlem, & Paul Morelſe, de Goltziüs, de Joſeph Heintz,
& autres.

Et 50. pieces de Carallius. En tout 400. pieces.

XV. FRANÇOIS PARMESAN.

J'ay recüeilly les œuvres de ce grand Peintre, où il y
a quelques pieces de ſa main, entre celles qu'il a gravées & deſſinées, toutes rares & d'une beauté ſinguliere,
avec d'autres en clair obſcur, & tout cela au nombre de 601.
pieces, tant de ſa propre main, comme je l'ay déja dit, dont
quelques-unes ſont à la plume, & qui ſont par conſequent
ſingulieres, ſans plus de 220. autres, que de la main, de
Henry Vander Borcht, de Jules Bouaſone, de Jacques Ca-
raïo, de Jean Sadeler, de S. Bolſuvert, de Seb. Vovillemont,
de Corn. Bloemaert apres François Mazzoli Peintre de
Parme, de Frere Bonaventure Biſi Cordelier Conventuel,
de Nicolas Vicentin, d'Andrea Andreaſſi de Mantouë, de
Nicolas Beatricius Lorrain, de Philippe Thomaſſin, de
Lucas Kilian, de François Briccius, de Baptiſta del Moro,
d'Eneas Vicus, de VVenceſlas Hollar, de Leon Daven: il y a
auſſi une piece de Jacques de Parme & d'Alexandre Magnan-
tius.

XVI. & XVII. LE TITIEN.

L'œuvre de ce grand Peintre recueillie en deux volumes,
contient 534 pieces, pluſieurs deſquelles ſont tres-rares, &
toutes bien choiſies de divers graveurs, tels que Baptiſte
Fontane, Leon d'Aven, Martin Rota, Corneille Cort,
Ant. Pauli, Antoine Vandick, Auguſtin Carrache, Pierre
de Jode, J. Suideroeff, Theodore Van Keſſel, P. Paul,
Rubens, J. Morin, Lucas Voſtreman, J. Troyen, V. Hoy
Steen, Joachim Sandrart, Gilles Sadeler, Henry Danchers
de la Haye, R. de Voorſt, N. Cochin, Jean Theodore de
Bry, M. Vi, Benedetto Stephani, Marius Cartarius, Se-

E

baftianus à Regibus Codienfis , Jacobus Caralius , Q. Boël,
Jules Bonafone , L. V. Vdon, Carolus Rodulfus, Marco del
Moro , B. del Moro , P. Lifebetius, Jacques Mathan, Cor-
neille Bloemart , P. Daret , Jean le Blond , Paulus Pontius,
MR. Sibeno , N. B. Karle Audran , Jacques de Heyden ,
I. Popels, Francifcus de Nano , Jules Fontane , Sebaftiano
du Val , S. du Perac , François Vanden VVingerde , Gio
Andrea Podefta Genovefe , Pietro Brea , Eftienne Perret,
Matthias Bolzetta, Gio. Balt. de Cavallerijis, H. Hondius,
Lucas Bertelli , Andreas Campus, Nicolaus Boldrinus Vi-
centinus , Raphael Sadeler , Dominico Zenoni , H. Pedri-
gnanus , Soutman , & plufieurs autres qui n'ont pas marqué
leur nom.

XVIII. FRANÇOIS VANIUS.

Peintre de Sienne , l'œuvre de ce Maiftre jointe avec
d'autres contenuës dans ce volume in fol. eft de 84. pieces,
fans fon Portrait de la ville de Sienne en quatre grandes
doubles feüilles, ce Portrait gravé par Bernardin Capitelli,
& fon œuvre exprimée par luy-mefme , & par Corneille
Galle, Jean Sadeler , Phil. Thomaffin , Fr. Villamene,
Raph. Sadeler , Jufte Sadeler , Pierre de Jode , Jean Florine,
Cherubin Albert , Denys de Cavalleriis , Lucas Killiam ,
Epiphaneæ de Alfiano, de l'Ordre de Valombreufe.

CAMILLE PORCACIN, Bolonefe.

Son œuvre eft de 17. pieces où font fes 4. Cartouches gravez par Villamene , tout le refte eft prefque de la fienne
propre , & quelques autres le font de D. Clafens, de H. David, de Paulus Stela Peintre de Milan, & d'Antoine VVirix.

ANDRE' DEL SARTE.

Son œuvre eft de 43. pieces gravées par Theodore Cru-
ger , Cherubin Albert , Corneille Bloëmart , Frater Ioan-
nes Maria Burellius Florentinus Ord. Servorum Beatæ
Mariæ , Corneille Cort , Pierre Brebiette , L. Voftreman,
Francefco Merlini , Cefar Robertius , Ph. Thomaffin , D.
Vitus.

JOSEPIN.

Le Chevalier Iofeph Cefar Arpinas , fon Portrait eft gravé par Jacques Mathan ; & par le Chevalier Octavius
Leoncius Peintre Romain , & les pieces que nous avons de
luy, l'ont efté par Iacques Mathan, Gilles Sadeler, Egbert,
Van Pauderen, Ph. Thomaffin , Raphael Guidi , Jean Fre-

deric Greurer, Fr. Villamene. Il y en a vingt en tout.

LEONARD DE VINCI.

Son œuvre eft de 5. pieces gravées par I. Troyen, P. Souteman, & par d'autres qui n'ont pas marqué leur nom, fa Defcente de Croix eft une piece confiderable : & il y a deux ronds de luy de nœuds entrelaffez à pieces emportées.

MICHEL-ANGE CARAVAGE

Son œuvre eft de 8 pieces gravées par P. Fatoure & G. Giovane, Pierre Daret, L. Voftreman, & P. Soutman.

BERNARDINO PASSARO, Romain.

Il y a 20 pieces de celuy-cy, gravées par luy-mefme, par C. Cort, Phil. Thomaffin, Gys Veen, Riccio Sanefe, Gifbertus Venius.

JEAN LANFRANC, Parmeffan.

J'ay ramaffé dans ce Livre 92 pieces de Jean Lanfranc, gravées par luy-mefme, apres Raphaël d'Urbin, & par Sifto Badalocchi, par Jean Frederic Greuter, Theodore Creuger, Fr. Villamene, Antoine Richer, & Jean François Peregrin,

CHARLES SARASIN, Venitien.

Il y a 5 pieces de luy gravées par luy-mefme, par Jean le Clerc, par Jean Frideric Greuter, & par Phil. Thomafin.

LUCAS CIAMBERLANUS, d'Urbin.

Ce que j'en ay recueilly dans ce Volume, eft au nombre de 37 pieces qu'il a faites & deffinées de fon invention, & apres Raphaël d'Urbin, Antoine Pomerange, Jacques Palme, Polydore Caravage, Federic Zucchre, le Guide, Cherubin Albert, Oliviero Gatti, Innocentio Martini, & Annibal Cafti. Le tout enfemble faifant 331 pieces.

XIX. HENRY GOLTZIVS.

Sculpteur & Peintre confiderable, qui mourut agé de 59 ans en 1617. le 1. iour de Janvier, a fait plufieurs pieces que j'ay recueillies dans ce volume, jufques au nombre de 436. tant gravées de fa propre main, que d'autres apres luy, & premierement fon Portrait y eft gravé de la main de Jacques Mathan fon beau-fils, & fes œuvres l'ont efté par luy-mefme, par le mefme Jacquys Mathan, & par ceux que ie nommeray en fuitte, luy-mefme en ayant gravé plufieurs apres Barth. Sprangers, Raphaël d'Urbin, Jacques Palme, Petrus Jodcus, C. Corneli, Iean Stradan, Theodore Bernard, Mre Roux. Ceux qui ont gravé apres luy, font Jacques, Jules & Conrad Goltzius, Nicolas & Claude Clock, Adrian Collaert, J. Saenredan, Jean Muller, Pierre Brebbel, Nicolas Bruen, C. Vifchem.

XX. JACQUES CALOT.

L'œuvre de ce Maiftre affez connu par fes inventions agreables, a efté recueillie avec un grand foin dans ce volume, où il y a jufques à 1468 pieces, d'entre lefquelles les plus confiderables font celles qu'on appelle les batailles de de Medicis, la grande Foire de Florence, & les trois grands Sieges, outre les fept on huit Portraits, les douze mois, les Miracles de la Chappelle de Florence & autres femblables.

XXI. CLAUDE MELAN.

Peintre & Graveur en taille douce, affez connu par fes ouvagres a fait plufieurs pieces de fon invention, & quelques-unes apres J. Tintoret, Pietre de Cortone, Simon Vovet. Son œuvre confifte dans mon Recueil, à 286 pieces lefquel-ont efté bien choifies.

XXII. ANTOINE VANDEICK.

Son œuvre eft dans mon Recueil, de 210 pieces où il y en a 14 gravées de fa main, & le refte a efté gravé par Th. Mathan, Paulus Pontius, Pierre de Balliu, Pierre Clouvet, Pierre de Jode, Bernard Corn. Vifcher, J. Morin, Jacques Neeffs, Robertus Van Voerft, Cripin Queborn, Corn. Gall, Jean Meyffens, S. de Bolfuvert, VV. Hollar, Martin Vauden Enden, Lucas Voftreman, Henry Hondius, Corn. Galle le jeune, Henry Snyers, Pierre Rucholle, Conrad VVaumans, le Ferdinand, Nicolas Lauverts, A. Van does, Van Keffel, P. Soutman, & P. Van Sculpteur.

XXIII. LA GALLERIE IUSTINIENNE.

Ce Livre contient 321 pieces gravées & deffinées par François du Quefnoy de Bruxelles, Theodore Mathan, Claude Mellan, Anna Maria Vajani, Jodocus de Pape. P. de Balliu, R. de Perfyn, Corn. Bloëmaer, Joachim Sandrart, Thryfidius Guidus, M. Natalis, Jean Bapt. Rugerius Bononienfis, J. Conin, Il Valefio, Charles Audran, le Chevalier Iean Lanfranc, C. PH. Spirinck de Bruxelles, Fr. Greuter, Fr. Perier, Andreas Podefta, Valerianus Regnartius, Francifcus Bonamifcius Lucenfes, & quelques autres qui n'ont pas marqué leur nom.

XXIV. & XXV. MARC-ANTOINE, de Bologne.

Cét excellent Graveur qui a tant fait de belles chofes apres

Albert Durer, André Manteigne, Raphaël d'Urbin, & Michel-Ange, est aussi le plus considerable entre tous les Graveurs, & celuy de qui les pieces sont les plus recherchées, j'en ay recüeilly 570 dans les deux volumes in fol. que j'ay marquez 24 & 25.

XXVI. Augustin Venitien.

Celuy-cy qui est le second des excellents Graveurs des œuvres de Raphaël, a fait aussi beaucoup de choses de son invention, qui sont fort recherchées, j'en ay recüeilly 154 pieces d'une fort grande beauté.

XXVII. Silvestre de Ravene, & Beatricius Lotharingus.

Les œuvres de ces Maistres qui ont aussi gravé apres Raphaël, André Manteigne, & Michel-Ange, sont contenuës dans un seul volume, c'est à dire 74 pieces pour Sylvestre de Ravenne, & cent douze pour Beatricius, c'est en tout 186 pieces, où est la Psiché de Raphaël d'une grande beauté, &c.

XXVIII. Andre' & Benedette Manteigne.

L'œuvre du 1 est de 104 pieces, & celuy du second est de 74 pieces toutes rares, le tout ensemble faisant 178 pieces, quelques-unes desquelles ont esté gravées par M. Antoine.

XXIX. Lucas de Leyden.

Peintre & Graveur excellent, dont j'ay recüeilly en un seul volume in fol. toutes ses pieces qui se trouvent en taille douce & en taille de bois, outre 25 pieces de sa main à la plume & au crayon, lesquelles sont singulieres. Il y a 180 pieces en taille douce, lesquelles y sont deux & trois fois d'une grande beauté, avec le Portrait d'Ulespiegle, qui est l'unique qui soit en France, son pareil ayant esté vendu il y a plus de douze ans, seize Loüys d'Or. Et pour les pieces en bois, les Roys d'Israël qui y sont en clair obscur ne se trouvent point ailleurs, non plus que quatre pieces d'un Tournoy, les Dames illustres de l'Ancien Testament, & l'Enseigne à Biere. Dans ce mesme volume sont 30 pieces en taille douce sur les dessins de Lucas, representant divers sujets, sans les copies contenuës dans un autre volume, si bien que dans celuy-cy, il se trouve 364 pieces en taille douce, originales de la main de Lucas 38 en bois, & 30 pieces apres luy, outre 7 Portraits de cét excellent Peintre gravez par divers

Maiftres 477 pieces, les Graveurs apres luy font André
Stokius, J. Muller, J. Saentedan, C. de Paffe, Henry Goltzius, Jacques Mathan, P. Soutman, N. de Brun, Robert
de Baudoux.

XXX. ALBERT DURER.

Un volume in fol. couvert de parchemin, collé fur de
gros carton, contient 12 Portraits de cét Autheur de divers
Maiftres, quinze pieces de fa propre main, lefquelles font
fingulieres, & n'ont point de prix, fes trois pieces en eftaing
par deux fois, fes fix pieces en eau forte par deux fois, &
toutes fes pieces en taille douce par deux fois d'une beauté
extrefme, où le petit Crucifix gravé fur le pomeau de l'Ef-
pée de Maximilien, fe trouve par trois fois, avec les copies
du mefme, le tout ayant efté recüeilly par feu Mr. l'Abbé
de S. Ambroife, Aumofnier de la Reyne Marie de Medicis,
qui avoit employé quarante ans à perfectionner cét Ouvrage, depuis augmenté par les fieurs Kervel & de Lorme, &
par moy-mefme encore. Outre cela les 48 pieces qu'on a
gravées apres luy, & finalement 167 pieces de copies exquifes, toutes ces chofes-là enfemble faifant 450 pieces. Les
copies & les autres pieces qui ont efté faites apres luy, gravées par Hierofme VVirix, Andreas Andreaffi de Mantouë,
Lucas Killian, VV. Hollar, André Stock, Th. de Bry,
Martin Rota, Gilles Sadeler, H. David, Th. Kruger de
Neremberg, Crifpin de Paffe, & Jerofme Hopfer.

XXXI. ALBERT DURER, en bois.

Dans un grand in fol. contenant 262 pieces, à ne compter
les grands Triomphes de Maximilien & de Charles V. que
pour deux pieces, toutes bien choifies & bien conditionnées,
où il y en a 150 de rares.

XXXII. ENEAS VICUS.

L'œuvre de ce Maiftre eft de 289 pieces, lefquelles il a
gravées partie de fon deffin, & partie des deffins de Raphaël,
de Michel-Ange, de Fr. Parmefan, de Julius Corvatinus, de
Bandinel, de Salviati & autres.

XXX. ANTOINE CORREGE.

Appellé le Prince de tous les Peintres de fon temps, a
gravé luy-mefme une partie de fon œuvre, & l'autre partie
l'a efté par Auguftin Carrache, Francefco Merlini, Chri-
ftofano Bertelli, Francefco Briccio, P. Ferdinand, J.
Troyen, T. Van Keffel, Q. Boël.

Lelius Urſius de Regio fut l'inventeur de l'Image mira-
culeuſe de la Vierge.

Joannes Gerolius, éleve du Correge, Peintre conſiderable. Pour le Correge 70 pieces.

PAUL FARINATE, de Verone.

L'œuvre de ce Peintre eſt gravée par luy-meſme, & par
Abraham Boſſe, Hieroſme David, Ferdinand, Jacobus
Valegius de Verone, Gilles Rouſſelet, D. Dankers apres J.
Spilenberger, Ant. Stock, Phil. Thomaſſin, il y a 71
pieces. C'eſt en tout 141 pieces.

XXXIV. GUIDO RHENI.

L'œuvre de ce Peintre eſt de 287 pieces, dont la plus
grande partie eſt gravée de ſa main, & le reſte a eſté fait
par Floriano dal Buono, R. A. Perſyn, P. de Balliu, Remy
VVibert, G. Rouſſelet, Sebaſtien Voüillemont, R. Lochon,
S. Bernard, P. Lombart, J. Couvaj, Corn. Bloëmart, Gio.
Bapt. Bolognini, P. Daret, Franceſco Curti, H. David, I.
A. Sirano, Bartholomeo Cariolani, Frideric Greuter, L.
Voſtreman, T. Van Keſſel, Flaminio Torri, Baronius,
Nicolas Laſteman, V. Hoij, V. Stieen, Lucas Ciamberla-
nus, M. Borbonius, Benedetto Curti, Rolland le Blond
Peintre, Gio. Batt. Paſcalinus, Jean Sauvé.

XXXV. RAPHAEL SCHIAMINOSE.

L'œuvre de ce Peintre eſt de 130 pieces.

LE GUERCHIN.

Iean François Barberius Centinus, dit le Guerchin. Son
œuvre de 148 pieces, toutes fort belles. En tout 278 pieces.

XXXVI. MAISTRE ROUX. Florentin.

Ce Peintre a gravé luy-meſme pluſieurs pieces de ſon
deſſein, & le reſte l'a eſté par Renatus Boyvinus Andega-
venſis, Paolo Gratiani, Leon Daven, & 'autres qui n'ont
pas marqué leur nom. 289.

Il y en a auſſi quelques-unes de Dominique Florentin.

Le reſte eſt de pieces meſlées, & de Païſages de Leon
Daven, & d'autres pieces curieuſes. Le tout faiſant le nombre de 438 pieces.

XXXVII. BAPTISTE FRANC.

L'œuvre de ce Maiſtre conſiſte en 134 pieces de ſon invention ordinaire, il y en a quelques-unes d'exquiſes.

XXXVIII. CHERUBIN ALBERT.

Son œuvre de 186 pieces d'une grande beauté, pluſieurs de

son invention, & quelques-unes apres Raphaël, Michel-Ange, André del Sarte, Frideric & Thadeo Zuccaro, Mre Roux Florentin, Franciscus Potenzanus Panormitanus, Peregrinus Bononiensis, François Vanius, Polydore Caravage.

XXXIX. LE PALME, JACQUES PALME, le vieux & le jeune.

L'œuvre de ces Maistres consiste en 104 pieces, gravées par luy-mesme, & par Lucas Kilian, P. Brebiette, J. Troyen, P. Lisesius, Henry Danchers, J. Popels Q. Boël, J. Mathan, Gilles Sadeler, Raphaël Sadeler, H. Goltzius, J. Fresaria, M. l'Asne, R. Eynhovedts, H. Oldelendi, V. Hoij, Ossenbeck, T. Van Kessel, L. Vostremans.

Ce Livre contient outre cela les 24 Païsages de Titien, avec le Portrait de Charles V. en bois, & deux autres pieces, l'une desquelles est gravée par A. Drebber. En tout 130 pieces.

XL. CAPITELLI.

L'œuvre de Bernardin Capitelli de Sienne, consiste en 112 pieces gravées de son invention & apres J. Baptiste Mercatus Biturgiensis, Francesco Leoncini da S. Geminiano, Jacinto Geminiani de Pistoya, Rutilius Manellus, Melchior Gerardini, Dominico Falcini Intaillatore in Siena, Eques Ventura Salimbenius, Bevilaqua Pictor Senensis, Sebastianus Fullius Pictor Senensis & Architect, Arcangelus Salimbenius Pict. Senensis, Alexander Casolanus Pict. Senensis, Rutilius Manetus Pictor. Il a fait aussi quelques pieces apres Pietro de Cortone, Antoine Correge.

Joannes Baptista à Sole, Sculptor.

Joannes Christophorus Storer, Pictor.

Joannes Paulus Blancus, Incisor.

XLI. LE DOMINICAIN, de Bologne, Dominicus Zamperius Bononiensis.

Nous avons 21 piece de ce Peintre celebre, gravées par Karle Audran, Estienne Colbenschalg, le Chevalier Francesco Raspantino, P. del Po. Gio Dominico Cerrini Perrugino Pictore, Gio Batt. Benaschi Scultore, Pietro Francesco Mola, Remy VVibert, P. Scalberge, Lucas Ciamberlanus.

CASTIGLIONE GENOVESE.

Nous avons de luy 47. pieces en eau forte.

PIETRE TESTE.

Peintre & Sculpteur en eau forte. Son œuvre est de 45 pieces. Ce Livre contient en tout 113 pieces.

XLII. LHESPAGNOLET.

Jusepe de Rivera, dit Lespagnolet, Peintre de Naples a gravé luy-mesme la meilleure partie de son œuvre, qui n'est que de 26 pieces, & le reste a esté gravé par L. Vostreman, J. Troyen, Horatius Borgianus, M. l'Asne, Franciscus Burannus Reggiensis.

ODOARD FIALETTI, Peintre de Bologne.

Son œuvre est de 220 pieces.

POLÏPHILUS GIANCARLI.

Son œuvre est de 31 pieces.

AGOSTINO MITELLI.

Son œuvre est de 85 pieces.

JACINTO GIMIGNANI DA PISTOYA.

Il y a 12 pieces de luy.

Quelques pieces d'autres Maistres qui se trouvent ailleurs. En tout 426 pieces.

XLIII. DON IULIO CLOVIO, de Croacie.

Son œuvre de 12 pieces a esté gravée par Ph. Thomassin, Diana Mantuana, Soyo, Corn. Cort.

RAPHAEL DE REGGE.

Raphaël Mota de Regge Peintre fameux, son œuvre de 12, a esté gravée par Diane de Mantouë, & par Augustin Carrache.

VENTURA SALIMBENE.

Peintre de Sienne, son œuvre de 24 pieces, outre son Portrait gravé par Bernardin Capitelli, a esté gravée par Corneille Galle, François Villamene, Phil. Thomassin, & par luy-mesme.

VESPASIEN STRADA.

Son œuvre de 16 pieces gravée par luy-mesme.

HORATIUS SAMACHINUS.

Il y a 4 pieces rares.

LAURENTIUS SABADIUS, Bononiensis.

Il y a 4 pieces gravées par Corn. Cort, & par Aug. Carrache.

MARTINUS ROTA, Sibinicensis.

Excellent Graveur dont j'ay icy recüeilly 45 pieces, d'une grande beauté, lesquelles il a faites de son invention, & apres

F

le Titien, Michel-Ange, Lucas penis, Raphaël d'Urbin.

LES BASSANS.

Leur œuvre de 50 pieces gravées par Gilles Sadeler, Jacobus Pecinus, I. Troyen, V. Hoij, Offenbeck, L. Voftreman, P. Salberge, T. Van Keffel, Crifpin de Paffe, Q. Boël, VVolfang Killian, Raphaël Sadeler Jean Sadeler.

JOSEPH HEINTS, de Suiffe.

Son œuvre de 13 pieces gravée par G. Sadeler, & Lucas Killian.

JOSSE DE VVINGHE.

L'œuvre de ce Peintre gravée par Raph. Sadeler, R. Sadeler, Crifpian de Paffe, & Jean Sadeler eft de 28 pieces.

IACQUES D'ACH.

Peintre Aleman, fon Portrait deffiné par Pierre Ifaach fon difciple & fon œuvre de 44 pieces gravée par I. Saenredan, Gilles Sadeler, Jean Sadeler, Raphael Sadeler, Lucas Killian.

PETRUS CANDIDUS.

L'œuvre de celuy-cy de 32 pieces a efté gravé par L. Killian, R. Sadeler le jeune, Jean Sadeler, Gilles Sadeler.

FRIDERIC SUSTRIS.

Il y a 12 pieces gravées par Jufte, Jean, & Raphaël Sadeler, Dominique Cuftos.

P. PIAZZA, à Caftro.

Trois pieces gravées par Raph. Sadeler.

DANIEL DE VOLATERE.

Deux pieces. En tout 301 pieces.

XLIV. HORATIUS BORGIANUS.

Il a gravé la Genefe apres Raphaël, & des pieces qu'il a faites de fon deffin, il y en a 63 dans ce volume.

JACQUES ANTOINE STEPHANONIUS.

Il a gravé des pieces apres Auguftin, Louys & Annibal Carraches.

ANDREAS BOSCOLUS.

Peintre Florentin, il y a de luy une Paffion en 14 pieces, gravées par Pietre de Jode, d'une grande beauté.

JACQUES ZUCCA, & PROSPER BRIXIUS.

Il y a 8 pieces.

BAPTISTA BONACINA.

De Milau, il a gravé apres Pietre de Cortone, & Cirus Ferrus, Jofeph Teftana, Joannes Maria Morandi Peintre.

Aubert Clouvet Sculpteur, 7 pieces.

Guillelmus Carpiani Veneto. 3. pices.

Hieronimus Petrignianus Foroliviensis 7. pieces.

Sirano, Lorenz Joly, 13 pieces.

A. le Mercier, 1.

Lucas Salmetia, de Bergame, 1.

Carolus Maratus, 8.

CDVV. 20. des Actes des Apostres.

Franciscus Bricius, 1. apres Louys Carrache.

Ferrantes Rosati, 6. Item 2.

Franciscus Amatus, 2,

Francesco Curti, 1.

Antonius de Trivio, 3.

Nicolaus Franciscus Maffei, apres An. Carrache, 2.

Bartholomeo Schidone, 2.

Franciscus Guerrerius, forosemproniensis, 1.

Flaminio Torri, Peintre, & Alexandro Badialli, Sculp. 1

Franciscus Cozza, Peintre, & Sculp. 2.

Mattheus Perez de Allecio, Peintre 1.

Joannes Paulus de Pisanis, & Antonius de Pisanis, 5.

F. Salviati, 1.

Une autre, 1.

Vannius, 1.

Dominique de la Barriere, Florentin, 1.

Ercola Bazicalua, di Pisa, 19.

Gio Francesco Grimaldi Bolognese, 14.

Jules Bonasone apres Raphaël, 1.

Jacinto Giminiani da Pistoya, Pittore 12 item 3.

Gasparo Duché, 8.

Sans nom de suitte de Maistres d'Italie, 41.

Jacques Stella, & Dominique de Rubeis, 1.

Petrus Jalhea Furnius, 1.

Sans nom, de suitte, 8.

Petrus Antonius, Parmensis, 1.

Paulo Gratiani, 1.

Petrus del Po, 1.

Sans nom, 12 de suite.

Domenico del Grillandaio, Florentino, 1.

Michel-Angelo, Marcelli, 2.

François Cozza, 2.

Prosper de Scavezzi Briciencis, 1.

Sans nom, 5.
François Vander Burg, après Abraham Janssen, 1.
Stephanus Ulpes, Pict. 1.

LE CHEVALIER BERNIN, JOANNES LAURENTIUS, Berninus.

Il y a de ses pieces gravées par L. Baronius, J. Bapt. Bona-
cena, Franciscus Quercetus Bruxellensis, Louys Ruhiet.

Francesco Moschi,   } 10 pieces.
Andrea Bolgio,
Sans nom, 2.
Francesco Berrelli, 1.
Laurentius Gaborius, Pict. & Oliverius Gattus, 1.
Petrus Anichinius, 1.
Lælio de Novellaro, 1 gravé par Bocht.
Ænea di Solario, 1.
Ambrosius Ficinus, Mediol. 1.
Alexandro Casolano, Sennensis, 1.
Theod. Bab. Pict. 1.
Gio Batt. Mazza, 1.
Jacobus Parmensis, 1.
Lucca Morellitti, 1.
Peregrinus Bononiensis, 1.
Eremita Camaldulus Montis Coronæ, Pict. 1.
Alexander Tiarinus, Pict. 1.
Alexandro Algardo, 1.
Lazzerus Baldus, Pistoriensis, 1.
Domenico Ma Canuty, 1.
Bamboche, 1.
Horatius de Mariis, Nigrinus, 1.
Gio. Batt. Mollo, 1.
Barthol. Reiter, Monacus, 1.
Fabricius Clarus, Pict. 1.
Petrus Paulus, Pictor Leviensis, 1.
Pietro Carroci da Bari, 1.
Hen Vander Borcht, 1.
Georges Vasari, 3.
Sans nom, 2.   En tout 392 pieces.

XLV.   JEAN SPEGCARD.

Il y a 6 pieces de ce Peintre, de la Vie de la Vierge, gravées par G. Sadeler, & une de Pieter Perrot.   En tout 7.
Frere Cosmas à Castro Capucin Peintre, 1.

Remigius de Bozulo Capucin, 3 pieces deſſinées par P.
Candide & Matthias Kagger, & gravées par Raph. Sadeler le jeune.

CHRISTOPHORUS SUVARTS, Monachienſis Pictor.

A fait les cheutes de ſa Paſſion en 9 pieces, gravées par
Iean Sadeler. Et ſes autres œuvres par le meſme, & par
Giles & Raph. Sadelers, Luc Killian. En tout 23 pieces.

Pierre de VVitte de Bruges, 1.
Joannes ab Ach. de Cologne, 1.
Pierre Candide, 1.
AntoineMarieVianius, de Cremone, 1.   } Par les Sadelers.

Petrus Roncanellus, Peruginus, Pict. 1. Phil Thomaſſin.
Ricardus Ripanellus Urbinas, Pict. 2. Ph. Thomaſſin.
Ferrantus Faenzonius 3 pieces gravée par Phil. Tho-
maſſin. Fr. Villamene & Fred. Greuter.
Camillus Spalucius, Pict. par Phil. Thomaſſin, 1.
Joann. ab Ach. par G. Sadeler, 1.
T. Bernard Pict. 7 gravée par I. Sadeler.
Hippolytus Scarzellinus. 2 pieces gravées par R. Sadeler.
Pierre Candide Flamen, 1.
Dioniſio Calloert, gr. par G. Sadeler, 1.
Jean d'Achen, R. Sadeler, 1.
Carlo Caliari, G. Sadeler, 1.
Dominique Bec, Sennenſis Pict. Ph. Thomaſſin, 1.
Jacobus Zucca, Fr. Villamene, & Ph. Thomaſſin, 5.
Gaſpar Cælius, Ph. Thomaſſin, 1.
Georges de Caſtelfranc, H. David, 1.
Baltazar Perutius Senenſ. Pict. Ph. Thomaſſin, 1.
Bernardino Paſſaro, Gys Veen, 1.

FRANÇOIS ROMANELLE, de Viterbe.

Il y a 5 pieces gravées par M. Natalis, Carlo Cæſio, Corn.
Bloëmar.

LIVIUS AGRESTUS, Foroivienſis.

Une piece gravée par I. Bapt. de Cavalleriis.

MARIUS CARTARIUS.

Son œuvre eſt de 13 pieces qu'il a faites de ſon invention,
& apres Franceſco Salviati.

Marius Arconius, gravée par Villamene, 1.
Marcus Senenſis, 2. Corn. Cort, & Cher. Albert.

PERRIN DEL VAGUE.

Il y 2 pieces, l'une gravée par VV. Hollar.

Michaël Lucensis, 2.
L. Lottin, 2.
M. Valentin, 3.
I. Bellino, 6.
Georgione, 9 pieces.
A. Schiavone, 14 pieces.
D. Fetti, 11 pieces.
P. Vechio, 2 pieces.
A. Paduanino, 2 pieces.
Menfrede, 2 pieces.
Primatixi, 1.
I. Retto, 1.
F. Mantua, 1.
D. de Feraero, 1.
C. Bijioni, 1.
A. Varotarius Patavinus, 1.
M. Baxaisi, 1.
V. Cattena, 1.
C. Venetiano, 1.
A. Montani, 1.
F. Lopitsino, 1.
I. Cariani, 1.
Egbert Van Panderen, 2.
Horatio de Santis, 5 apres Pompeo Aquilano.

Par

P. Lisebetius.
I. Troyen.
Q. Boël.
V. Hoij.
L. Vostreman.
T. Van Kessel.
C. Lauvvers.
I. Popeli.
N. Soutif.

JEAN MULLER.

Son œuvre contenuë dans ce volume, est de 74 pieces qu'il a gravées de son invention, & apres Michel de Mirevelt, Pierre Paul Rubens, Pierre Isachs Peintre du Roy de Danemarch, Corneille de Harlem, Theodore Bernard, Herman Muller, Gilles Coignet, Abraham Bloëmar, Bartholomeus Sprangers, Jean Speckert, Mander, Adrian de Vries de la Haye, Crispian de Broeck, Lucas de Leyden.

BARTHELEMI SPRANGERS.

L'œuvre de ce Maistre aussi contenuë dans ce volume est de 44 pieces gravées par I. Muller, Gilles Sadeler, Lucas Killian, Clock, P. de Jode, I. Sadeler, Zacharias Dolende, Jacques de Ghein, R. Sadeler, Corn. Cort. H. Goltzius, Jacques Mathan. C'est en tout 287 pieces.

XLVI. ESTIENNE LA BELLE.

De Florence, son œuvre de 824 pieces presque toutes de son invention.

XLVII. XLVIII. XLIX. L. LI.

ANTOINE TEMPESTE.

L'œuvre de ce Maiftre Florentin, qui eftoit Peintre, Def-finateur & Graveur en eau forte, confifte en 50 grandes pieces de Chaffes, de Triomphes, d'entrées de Ville, & de grandes figures debout, & en plufieurs autres pieces qu'il à deffinées & gravées de fa main, contenuës en 4 volumes in fol. fçavoir dans le premier 576 pieces ; dans le fecond 397 dans le 3 volume 424 pieces, & dans le 4 volume 108 & en tout de fa main 1519 pieces de fon invention.

Il a auffi deffiné d'autres pieces qu'il n'a pas gravées, & qui l'ont efté par Fr. Villamene, Phil. Thomaffin, Thomas Moneta, Charles David, Pietre de Jode, où font comprifes quelques copies de fes œuvres, au nombre de 543. En tout dans les cinq volumes de l'œuvre de Tempefte. 2062 pieces.

LII. LES RUÏNES DE ROME.

Joannes Antonius Dofius a deffiné un Livre de ces Ruïnes, lequel a efté gravé par Jean Bapt. de Cavalleriis, en 1579 & contient 33 pieces.

Un autre Livre de C. Dankers & de Hierofme Cock.

Un autre Livre de Vincenzo Scamozzi.

Un autre Livre de Baptifte Pitonus, de Vicenze.

Un autre de Henry de Cleves, chez Ph. Galle.

Un autre d'Eftienne du Perac Parifien, imprimée à Rome chez Jean Bapt. de Roffi en 1639.

Un autre de Gilles Sadeler de l'an 1660. En tout 259. pieces.

G. LIII. Statuës & bas Reliefs Antiques.

Il y en a de Polydore, gravées par Cherubin Albert, Cl. Mellan, I. Saenredan.

Un Livre de Statuës imprimées à Rome chez Jean Bapt. de Rubeïs.

Autre Livre Imp. à Rome chez Iofeph de Rubeis Milanois en 1619.

Autre Livre de l'année, 1585.

Autre Livre de l'an 1641.

Autre Livre tiré de la Biblioteque de Fulvius Urfinus, à Rome chez pierre Stephanoni en 1570.

Autre Livre des hommes illuftres à Rome en 1569.

Pieces diverfes de Mre Eftienne de Lofne, de Remy

VVibert, de Michel-Ange, de Nic. de la Casa, de Suavius, Capitelli, & autres. En tout 411 pieces.

LIV. & LV. Diverses pieces d'Italie.

De Raphël, de Titien, du Guerchin de Thadeo Zuccharo, de Jules Mantoüan, de J. Bonasone, de George Mantuan, de Michel-Ange, de S. Martin, de Martin Rota, de Josepin, de Calot, de Villamene, de Passaro, de Tintoret, de Ventura Salimbene, de Paul Veronese, de Parmesan, des Carraches, du Guide, de Raphaël d'Urbin, du Correge, d'Antoine de Pise, du Bandinel, de Sylvestre de Ravene, du Sabono, du Guerchin, de Bapt. Franc, de Pompeio Aquilano, de Julio Clovio, de Marc-Antoine, de Raphaël de Regge, de J. Bapt. de Cavalleriis, de Corn. Cort, d'André del Sarte, le premier vol. contenant 91 pieces, & le 2 volume contenant 161 pieces, le tout 252 pieces.

LVI. JEAN BAPTISTE CORIOLANUS, Bolonese.

A gravé beaucoup de choses de son invention, des Portraits, des Theses, & des commencemens de Livres, aussi bien que des figures en bois pour le clair obscur, apres les dessins du Guide. Nous avons recüeilly de ses pieces jusques au nombre de 71. Il en a fait aussi quelques-unes apres Fr. Vannius, Ant. Crispus, C. Felini, le Guerchin, Loüys Carrache.

THEODORE CRUGER.

A gravé la Vie de S. Jean, d'André del Sarte, la Cene du Seigneur du mesme, quelques Theses apres Jean Lanfranc, le Chevalier Burghese & André d'Ancosne, 27 pieces.

Franciscus Potenzanus Parnomitanus, 1.

Parisinus Romanus, 1.

Bartholomeo del Moro, 1.

Raphaël, 4.

Aug. Carrache, 2.

Jules Bonasone, 1.

Andreas Marelli, 1.

C. Bononiensis, peut-estre le Correge, 1.

Michel-Ange, J. Bonasone, son Iugement, 1.

Pietro Francesco Mola, 1.

Paul Veronese, 1. Mattheo piccioni.

Gio Batt. Franceschi, apres Raphaël, 11.

Gio Batt. Benaschi, 1.

Gio

Gio Batt. Britano Mantuanus, une Resurrection de Morts.

Sebaft. à Regibus, Magnus Potenzanus, Carlus Saccus Papienfis, Camillus Graficus, Francefco Potenzano, Carlo Sacchi, apres Paul Veronefe, Francefco Cozza, Sophonifba Gentildona Cremonefe, Benedetto Stephani, Baptifta Bertano Mantuano, Georges Ghifi Mantuan, M. Lucas Romanus, par Jerofme VVirix, Joan. Bapt. de Cavaleriis, Bacius Florentinus, Sylveftre de Ravenne, Honderick Arts, Joan. Londerfeel, Thomas Vincidor de Bologne, Daniel Vanden Dychi, Nicolaus Beatricius Lotharingus, Eneas Vicus, Fr. Parmefan, Francefco Terzo Pictore, Joan Bapt. Galeftruccius Florentius, Fr. Bertelli à Padouë, Diana Mantuana pour la grande Bacchanale. En tout 144 pieces.

LVII. JEAN SAENREDAN.

Son œuvre eft de 132 pieces qu'il a gravées, quelques-unes de fon invention, fon Portrait l'a efté par Holfteyn, où Screvelius a fait une Epigramme Latine, où il l'appelle Difciple de Goltzius. Il a gravé l'Adoration des Pafteurs en 3 grandes feüilles apres Karle Mandere, le Portrait de ce mefme Karle Van Mander, apres H. Goltzius, celuy d'Abraham Bloëmart Peintre Hollandois, auffi bien que VV. Suvarts, le Portrait de Jean d'Ach, les autres pieces apres Corn. d'Harlem, H. Goltzius, Abraham Bloëmaert, Lucas de Leyden, Paul Veronefe; VV. Suvanembourg, Pierre Ifaack, Ifaac Razetus.

LUCAS VOSTERMANS.

Son Portrait deffiné par Iean Lyvius, & gravé par François Vanden VViingaërde. Il a gravé apres Adrian de Vries, Ph. Champagne, D. du Moutier, de Pierre Paul Rubens, J. Brongino, J. Tintoret, Ant. Vaudick, Jean Holbeins, Gerard Segers, Jean Liivius, J. Vanden Hoecke, Abraham Diepenbeck, N. Vander Horft, O. Vofterman, Gerard Segers, Jean Vander Does, Raphaël d'Urbin, Anibal Carrache, André del Sarte, Guido Rheni, H. Van Balen, Horace Gentileque, J. de Valdor, & autres. Il y a 57 pieces.

De Miele, 4 pieces.

P. Fatoure, G. Giovane, & P. Baliu, 1.

J. Zianko Polonois, 2.

G

P. D. Grobber Peintre, N. V. Liinhoven, 1.
Abraham Diepenbeke, Mattheus Borrekens Graveur, 2.
G. P. 1.
A. Both, 3.
Augustin Braun, 1.
P. Jalhea Furnius, 2.
Henry Vander Borcht, apres Paul Veronese, 1.
Julius Compus, de Cremone, 2 Phil. Thomassin.
Bernardin Campus, de Cremone Peintre, Jacques Vale-
gius de Verone, Graveur, 1.
André Campus, & Mattheo Piccioni, 1.

CORNEILLE BUZ, ou BOS.

Son œuvre est de 99 Pieces de son invention, & qu'il a
gravées apres Francflore, Michel-Ange, & Titien. En
tout 311 pieces.

LVIII. GIO. FRANCESCO VALEGIO, appellé IL VALESIO.

Academico Auvivato a fait plusieurs pieces de son invention, & d'autres aussi qu'il a gravées apres Pietro Faccini.
Il y a de ce Maistre 61 pieces.

VALERIANUS REGNARTIUS.

Celuy-cy a gravé des pieces apres Ant. Pomerange, Jean
Antoine Lælius, Augustin Ciampellus Florentin, Joannes
Nicolaus Cressius, Benignus, Horatio Torriani Architecto
de sua Majesta Catholica. Il y a 20 pieces.

CAMILLUS CUNGIUS.

Son œuvre est de 15 pieces gravées apres Avanzinus Mi-
cius, Gaspar Cælius, Joannes Antonius Lælius, Julius Ben-
tius, Antoine Tempeste, André d'Ancosne, G. Benso.

INNOCENTIUS MARTINI.

Il y a 3 pieces de luy gravées par Matthieu Greuter,
Henry Van Schoel.

AUGUSTINUS PARISINUS.

Il y a 5 pieces de luy, lesquelles il a dessinées & gravées
apres Hercules Ferrariensis, Flori Machius.

CÆSAR BASSANUS.

Il y a 3 pieces de luy apres J. Batt. Lampus.

IOANNES ANTONIUS, LÆLIUS &

Jacobus Lodus Venetus, son œuvre a esté gravée par Frid.
Grutter, Camillus Cungius, M. Natalis. 9 pieces.

IOANNES PAULUS BLANCUS.

Il a fait 2 pieces apres Dominique Fiazella de Sarzane, 2

LE CHEVALIER BURGHESE GUIDOTT.

Quelques-unes de ses pieces ont esté gravées par Matth. Greuteur, & Theodore Cruger.

HORATIO BRUNI, de Sienne.

Il a gravé apres André d'Ancosne, Rutilio Mannini.

CHRISTIAN SAS.

Il a gravé apres Ant. Pomerange.

ANTOINE POMERANGE.

Ceux-cy ont gravé apres luy Christian Sas, Phil. Thomassin, Jean Troschel, Claude Mellan, Valerianus Regnartius, J. Frid. Greuter, Karle Audran, Matth. Greuter, Theodore Kruger, Lucas Ciamberlan, Hier. David, 24 pieces.

RAPHAEL GUIDI.

Il a gravé apres Josepin, Jean Ant. de Paoli, Anastasio Fontebuoni. 8.

Il y a aussi Thysidius Guidus, 6.

JACOBUS LAURUS.

Nous avons 18 pieces de celuy-cy.

ANDRE' D'ANCOSNE.

Nous avons 15 pieces de celuy-cy, quelques-unes desquelles ont esté gravées par Fr. Villamene, & par Hier. David. En tout 191 pieces.

LIX. MATTHIEU GRUTER, Aleman.

Son œuvre est de 91 pieces qu'il à gravées de son invention, & apres Ant. Pomerange, Innocent Martini de Parme, Franciscus Nappi, le Chevalier Burghese, Balthasar Cruceus Bononiensis, Claude Derouet, André d'Ancosne, Franciscus Gualdus Ariminensis, Eques.

IOSEPH GREUTER.

A gravé 13 pieces apres Hiacintus Geminianus.

JEAN FRIDERIC GREUTER.

Celuy-cy en a gravé 79 apres Jean François Romanelle, Ferau Fenzonius Faentinus, Guidus Abbatinus Tifernas, Camillus Cungius, Andreas Camasseus, Pietre de Cortone, le Chevalier Jean Lanfranc, le Guide, Ant. Pomerange, Gregorius Grass, André d'Ancone, Carlo Massimi, Lorentius Gruter, Simon Vovet, J. Majus, Ant. Tempesta, Jean Lanfranc, Jean Ant. Lælius, Josepin, le Chevalier Burghese, Jacques Stella, Ant. Tempeste, Charles Sarasin. C'est en tout 183.

G ij

LX. ADAM ELSHEIMER.

Son œuvre est gravée par VV. Hollar, Magdalena Passe, P. Soutman, Adam Van Frankfort, Simon Frisius, & consiste en 27 pieces.

JEHAN ROTTENHAMER.

Son œuvre de 16 pieces se trouve gravée par Lucas Kilian, Raph. Sadeler, VVolfang Kilian, Gil. Sadeler, Juste Sadeler, Henry Vander Borcht.

MATTHIAS KAGER, de Bavieres.

Il y a 3 pieces gravées par R. Sadeler, Joannes Reichel, de Baviere, L. Kilian.

ADRIAN DE VVEERT.

Il y a 8 pieces de la Vie de la Vierge.
D. V. C. 8 pieces.

GILES MOSTRAET.

Il y a 9 pieces gravées par J. Sadeler, Raph. Sadeler. Benedictus de Benedictis Urbinas, 1.
P. Brusæus Noviomagus, 4. Sans nom, Spranger, Raphaël, Petrus Furnius, 7. L. Kiban, C. Lorrain, la Belle, H. Suyanevelt.

CLAUDE LE LORRAIN.

Il y a de celuy-cy 46 pieces.
K. Mandere 2 J. Saenredan. J. Mactami, Jean Toutin, 13.
Remigius Cantagallina Burgensis, 4.
C. V. B. & H. C. F. Crispiaen, J. Ditmer, P. Fatoure, & J. Giovane.

PIERRE SCALBERGE.

Il y a 43 pieces de son invension, & qu'il a gravées apres Jacques Bassan, Josepin, Raphaël d'Urbin, le Dominicain. En tout 230 pieces.

LXI. OTHO & GISLBERT VÆNIUS.

Gislbert Vænius de Leyden en Hollande, a gravé une grande piece apres Baltazar Perucci de Sienne. Il a aussi fait le Portrait à Cheval du Roy Henry IV. en 1600. apres Antoine Caron.

Otho Vænius, outre les Emblesmes d'Horace, & ceux de l'Amour Divin & de l'Amour Prophane, il a gravé plusieurs pieces apres George de Velde.

Gislbert a aussi gravé apres Otho Vænius, Egbert Van Panderen. Il y en a de P. de Jode.

Pierre Poiret, C. Boël, G. Svvaneburg.

Il y a dans ce Livre icy des deux Vænius, 212 pieces.

JACQUES DE GHEIN.

Il a Gravé apres J. Carle Mandere, Abraham Bloëmart, Za. Dolendo, Jacques de Ghein le jeune, CV. Roeck, Theodore Bernard. En tout 170 pieces.

Jacques Zarnko Polonois a fait la Vie de S. Jacques en 16 pieces. Tout cela ensemble 398 pieces.

LXII. PHILIPPE THOMASSIN.

De la Ville de Troye en Champagne, & qui s'estant allé habituër à Rome, y fit aussi plusieurs pieces dont nous avons recüeilli une bonne partie. Il y en a dans ce volume lesquelles il a gravées apres Jacques Ligosse de Verone, Christosle Suvarts de Munich, Julius Campus, Ferratus Faenzonius, Gio Batt. Ricci di Novarra Pictore, Ecc. Gio Batt. Pagi Ginovese, Federic & Thadeo Zuccharo, Fr. Vanius, Ventura Salimbene, Magnus Potenzanus, Paul Farinate, Jacques Bassan, Fr. Parmesan, Bernardus Castellus, Cl. Dervet, Dominicus Bec Sinensis, Paul de Bramere de Palerme, P. Paulo Sensini, A. Pomerange, Augustinus Ciampellus, Pietre de Jode, Bernardinus Passarus, Richardus Ripanellus Vrbinas, Raphaël d'Urbin, Bartholomeus Paschiarottus, Baltazar Perutius, Frater Cosmas à Castro Franco Capucinus, Federic Baroche, Petrus Racanellus Perusinus, Jacobus Zucca, Eques Joseph Arpinas, Gaspard Cælius, Franciscus Salviatus, Donatus Parigius Senensis. Il a encore gravé des pieces apres le Bronzin, le Vasari, Martin Freminet & autres. Ce Livre contient 143 pieces.

LXIII. NUICTS DIVERSES.

D'Ant. Vandeik, de Daret, de Vovillemont, de Capitelli, de Blanchar, de Cæsar Merian.

H. GOUDT, COMTE PALATIN, & CHEVALIER.

Il y en a 7 pieces seulement qu'il a faites apres Alhseimer, & de son invention.

C. VAN POELENBOURG.

J'ay recueilly 157 pieces de son œuvre, & des suivans, Bartholomeus Breenbergh Schilder, Simon Fresius, D. Gheyn, Guill. Bayer ou Baur, F. V. Vingaerde, & J. G. Bronchorst.

G iij

J. G. VAN ULIET.

Son œuvre eſt de 60 pieces, quelques-unes faites apres Livius.

JEAN THOMAS.

Melchior Keerd, 9. & VV. Vaillant.

JONAS SUYDERHOEFF.

A fait pluſieurs Portraits de ſon deſſin, & apres P. du Bordieu, J. Ver Spronck, F. Hals, Baudrigien, Merak, Rembrandt, Michel Mierevelt, J. de Vos, J. Van Schorten, N. Van Negre, D. D. Santuoort, Hontorſt, N. Van Negre, Jean Livius, T. Keuſer, J. Berghem, G. Tereutch, Carle Van Mander, A. Oſtaden, D. Bailly. Il y en a donc dans ce Livre 40 pieces.

J. Lives, un Hermite à my-corps, & Jean Baptiſte de Vael, 5.

J. VAN VELDE.

L'œuvre de celuy-cy conſiſte en 40 pieces gravées de ſon invention, & apres P. de Molyn pour des Paiſages Emblematiques.

Il y a auſſi de luy des Portraits qu'il a fait apres Adrian Souter, Iſac, Iſaxs, P. Laenredam, F. Hals, VV. C. Heda.

CORNELIUS DE VISCHER.

Nous ayons de ſon œuvre 73 pieces, pluſieurs deſquelles ſont de ſon invention, & quelques-unes ont eſté faites ſous la conduite de P. Souteman, ou apres les deſſins de A. Brouver, de A. V. Oſtade, & apres luy Jean de Viſcher a auſſi gravé quelques pieces apres Berghen, Nicolas P. Berchem, & Nicolas Viſcher debitoit les meſmes Ouvrages, Dancker Danckers à gravé apres Bergkem.

Pieter Nolpe.

Gerad Segers, Pietre de Jode le jeune. En tout 343 pieces.

LXIV. RHINBRAND.

L'œuvre de ce Peintre & Graveur Holandois conſiſte en force Pieces, dont j'ay recueilly dans ce volume juſques au nombre de 224 où il y a des Portraits, & des Caprices fort curieux. J. Van Uliet en a gravé quelques-uns apres luy, auſſi bien que VV Ecevir, Pierre de Balliu & autres.

Cornelius Jamſon Van Ceulen. C. Van Dalen le jeune, pour le Portrait de Marie de Scurmans, Alde Grave & Virgilius Solis.

A. V. OSTADE.

Il y a de ce Maiſtre Hollandois 36 pieces.

R. Vorhulſt, XX Does, apres Oſtade.

Corn. Sachtleven, par Marinus, 1.

J. Livens, par J. Loüis, Segers, J. Cicius, & autres 25 piecet.

H. GOUDT COMTE PALATIN.

Il y a icy les ſept pieces que ce Seigneur Alemand a voulü graver de ſa main, leſquelles s'y trouvent dans une grande beauté. En tout 295

DIVERS MAISTRES DE FLANDRE.

Gerard Segers, par Jacques Nefs, Sim. de Bolſuvert, Paul Pontius, Joannes Eillarts, Jacques Jordaens, Marinus, Jacques de Neefs, Eraſme Quellins, par Pietre de Jode le jeune, S. Bolſuvert, Corn. Galle, A. Vander Does, Richard Colin, Jacques Nefs, Corneille de Vos, Martinus Vanden Enden, G. Flinck, C. Van Dalen le jeune, Abraham Diepembocke, Conrad VVaumans, Pierre de Jode, M. Natalis, Joannes Thomas, Franciſcus Vanden VVingaerde, Sauvxij, 1.

Martinus Vanden Enden P. Baliu, Corn. Gallo le jeune, Paulus Poncius, Ant. Vandrick, par Corn. Gal. S. Bolſuvert, 2 S. Bolſuvert, Lomelin, Jean Van Hock, par Corn. Galle le pere & le fils, Pierre Van Lint, P. Clouet, P. de Baliu, Chriſtoſle S. Serarts, Jean Sadeler.

LXVI. MICHEL NATALIS.

L'œuvre de M. Natalis de la Ville de Liege, conſiſte dans ce volume en 54 pieces, qu'il a faites apres Raph. d'Urbin, Sebaſtien Bourdon, Abraham Diepembecke, Gerard Douffet de Liege, François Romanelle de Viterbe, Jean de Labaer, Bertholet Flemaël, Jean Lanfranc, J. Bapt. Rugerius Bononienſis, Jean Ant. Lælius, Joachim Sandrart, Mattheo Pagani, P. du Bordieu, Gregoire de Graſſo, VVat Damery, Andreas Sacchi.

JUSTE D'EGMONT.

Peintre du Roy, l'œuvre de celuy-cy eſt de 27 pieces. En tout 81 pieces.

LXVII. LES SADELERS.

Raphaël Sadeler, apres Petrus Candidus, Joſſe de Vinghe, Ambroſius Ficinus Mediolanenſis, Jean Stradan, Martin de Vos, Gilles Coignet, Jean d'Ach, Jacques Baſſan, Matthias Kager, Frederic Zucchre, Jean Rottendamet, Fr Vanius, Titien, Hippolytus Scarcellinus.

Jean Sadeler, apres Petrus Candidus, Martin de Vos, Jean d'Ach, Martin de Vos, Frederic Sustris, Christofle Schuvarts, Jean d'Ach, Antoine Marie Vianius de Cremone, Josse Vinghe de Bruxelles, Theodore Bernard d'Amsterdam, Jean Aradan Achademicien de Florence, Jobst Amman, Jacques Bassan.

Gilles Sadeler, apres Christofle Schuvarts, Jacques Palme, J. Tintoret, V Volfangus Jacobus Comes à Schuvartzenberg, Joseph Heints Helvetius, Jacques Bassan, Raphaël d'Urbin, Jean d'Ach, Paulus Francischi, Titian Polydore, Jean Rottenhamer.

Juste Sadeler, apres J. Tintoret, Jean Rotenhamer, Joseph Salviati.

Raphaël Sadeler le jeune, apres Jean d'Ach, Jean Rottenhaner, Christofle Scuvarts, Isaac Major. Tout cela ensemble 240 pieces.

LXVIII. LES HERMITES DE SADELER.

Et les Hermitesses d'Adrian Collaert, du dessin de Martin de Vos, & de la Graveure de Jean & de Raphaël Sadeler, d'une fort grande beauté. En tout, 132 pieces.

LXIX. LES PAÏSAGES DE GILLES SADELER.

C'et œuvre composé de 218 pieces a esté fait par Gilles Sadeler apres les dessins de Pierre Stephani, Roëlant Savriy ou Sauery, Paul Bril, Joannes Maggius Romanus, Jean Breugel, Ant. Tempeste, Isaac Major, Hans Bol, Matthias Bril, Gilles Mostoard, Lodovico Pozzo Trevisano, Adrian Collaert.

LXX. ABRAHAM & CORNEILLE BLOEMAERT.

Pere & fils, Peintres Holandois, ont fait beaucoup d'ouvrages qu'ils ont gravez eux-mesmes, & qu'on a gravez apres eux, & qu'ils ont aussi faits apres d'autres Peintres celebres.

Jacques de Ghein a travaillé apres Abraham, aussi-bien que J. Mathan, & Corn. Bloëmart, qui a fait des pieces Raphaël, B. A. Bolsuvert, Jean Saenredan, S. Frysius, J. Muller, Frid. Bloëmart.

Corneille Bloëmart a trauaillé apres Pierro de Cortone, J. Blanchar, François Romanelle, Jean Angelus Caninius Rom. Anibal Carrache, Franciscus Mazoli de Parme, Frederic Barroche d'Urbin, Titian, Lucas Cangiague, Jules

Romain,

Romain, Louys Carrache, André del Sarte, Jean Bapt.
Ramaciotto de Sienne, Jacques Bichi, Lazarus Baldus,
Fabritius Chiari, Lodovico Primo, Greberus Pictor Har-
lemenfis, Petrus Martir Nerius Cremonenfis Pictor, Joannes Angelus Caninius, Joseph Greuter, Cyrus Ferrus, Franciscus Romanellus, Gregorius de Graffo Aquilanus, R. à
Persyn, Raphaël d'Urbin, le Guide, G. Castellus, Carolus
Maratus, Salvus Castellus Aretinus, Fr. Perier, Jo. Thy-
fidius Guidus. Frideric Bloëmaert eft fils d'Abraham Bloëmaert, Joachim Sandrart, Joffe de Pape, Joachino Sanf-
drart, Jean André Podeffa, Petrus Paulus Ubaldinus, Jean
Varin, Gilles Van Couventborch. Ce Livre contient 269
pieces.

LXXI. LES MESMES.

Car ce Livre eft le fecond volume des œuvres de l'un &
de l'autre Bloëmar, contient 211 pieces gravées par J. Saenredan, J. Mathan, VV. Suvanenburg.

Il y a auffi François Spierre apres le Chevalier, Pierre de
Cortone.

Eftienne Picard, apres Jean Miele, Carlo Cæfio, Cyrus
Ferus.

Guill. Vallet, apres Guill. Cortefe, & Carlo Cæfio, Jean
Miele, Fr. Nicolas de Bar, & Cyrus Ferus.

Corneille Bloëmar apres Carles Marati, Cyrus Ferus,
P. F. Mola, Crifpin de Paffe, Guill. Paffe, Beëtius Adam
de Bolfuvert.

Anibal Carrache, Andrea Sacchi, François Albane, Ni-
colas Pouffin, Fr. Romanellé, le Chevalier Jean Lanfranc,
Dominique Zamperi, Malot Albani, Carle Maginone,
Dominico Fiaxella, Joan-Angelus Caninius Romanus, Jean
Miele, A. Camas, Lodovicus Magalotti, Franc Co Cref-
cente, D. Fabio de la Cornia, Nicolas Pucci, Andrea
Sacci, G. B. Cauf. Multi, Aleffandro Ab. Magalotti, Fe-
derico Zuccharo, le Chevalier Raphaël Vanius, J. André
Podeftat, P. Rubens Abraham Bloëmaert, J. Saenredan,
G. Van Honthorft, Theodore Baburen. Dans ce 2 vol. 211.
En tout dans les deux volumes 480 pieces.

LXXII. KILIAN.

Lucas & VVolfangus Kilian ont fait plufieurs pieces recueillies dans ce volume, lefquelles ils ont gravées partie de
leur invention, & partie apres les deffins de Jean Rottenha-

H

mer , Jean Reichel de Bavieres , Matthias Kager de Bavieres , François Vannius de Sienne , Hubert Gerard Hollandois Statuaire , Pierre Candide , Dominique Cuſtos , VV. Svvanenburg, Jacques Palme, L. Heintz, Barth. Sprangers, Jean Rottenhamer , Corneille Cornelio de Harlem, Jean ab Ach. Jacques Baſſan , Paul Veroneſe , Jacques Tintoret , Frideric Suſtris , Joſeph Heints , François Baſſan, Matthias Kager, Chriſtofle Suvvarts, Adrian de Vries Hagienſis, Nic. de Hoey Belga , Raphaël Cuſtos , Alexander VViſkeman , Abraham Telham , Guill. Hokennauver, Mang. Killian, A. Khol Sculpteur, Sebaſtien Fureck, Jehot Creutz Felter, Jean Heinrich Schofeld , Jean Virich Mayr, Bartholome Killian , Bartholomeus Hopffer , Fr. de Peij, Jean Miller , Andreas Riehl. En tout 324 pieces.

LXXIII. IACQUES & THEODORE MATHAN DE HARLEM.

L'œuvre de ces Maiſtres conſiſte en 205 pieces qu'ils ont gravées de leur invention, & apres d'autres , & que d'autres auſſi ont gravées apres eux , tels que G. Gauu, dont nous avons deux groſſes teſtes de S. Pierre & de S. Paul, & J. Mathan a fait des ouvrages apres Goltzius , E. Congiet, Joſepin , Carle Mandre , Corn. d'Harlem. Belardino Pocceti Fiorentino, Abraham Bloëmaer , P. Joſeph Valerianus , Jacques Palme , Lucas de Leyden , François Salviati Florentin , M. de Boijs , Barth. Sprangers, H. Goltz, Federie Zucchre , Joachin Sandrart , Martin Heemskerc , le Titian , Pierre Van Rijck, Denys Calvart , Thadeo Zuccharo , Chriſtofle Suvvarts , Albert Durer , Jacques Tintoret, A. Elsheimer , Jacobus Laurus, Sebaſtiano Vranck, K. Mandre , Titian , Raphaël d'Urbin , A. Van Veenne, Paulus Morelſen , Langepier Jean Rottenhamer , J. Spilberge , A. Hanneman , J. Miitens , N. Moyaert , T. de Keiſer, Adrian Mathan, P. de Grebber, M. Sorg, H. Bloëmaert , P. du Bordieu , Cor. Jo , J. Van Raveſteyn , Mirevelt , VV. Suvanenburg, G. Hontfhorſt , J. Livius, C. V. Savoy, Everard Quirini, J. Backer , Ghiſb Lanſſens Linga, P. Soutman , F. Hals , VV. Everſdrech 11 D. Stomme, J. Van Roſſun , Viſchem , Petrus Jſaac, H. Terbrug, R. Savery.

LXXIV. MARTIN DE VOS.

Ce Peintre Flamen eſt un original de beaucoup d'autres,

Il n'est pas croyable combien il a fait de deſſins, qui ont eſté gravez en taille douce, par les meilleurs Maiſtres de ſon temps, tels que les trois Sadelers, Adrian Collart, Corneille Galle, Jacques de Bye, Jean Collart, Jean Baptiſte Barbé, Theodore Galle, Criſpin de Paſſe, Hieroſme, Antoine & Jean VVirix.

Il n'a gueres travaillé que ſur des ſujets de pieté, & il a fait de longues ſuite de la Vie de Noſtre Seigneur & de la Vierge, avec l'Hiſtoire de la Geneſe, gravées par Sadeler, les Hermites du meſme Autheur, & un fort grand nombre d'autres pieces conſiderables.

JEAN STRADAN, de Bruges,

Peintre irgenieux, a fait auſſi beaucoup d'ouvrages de Pieté tels que ſa Paſſion de Noſtre Seigneur, de 37 pieces.

Il a fait auſſi des Livres de Chaſſes, mais nous n'avons recüeilly dans ce volume icy, de luy & de Martin de Vos, que 144 pieces.

LXXV. JEAN & ADRIAN COLLAERT, & JEAN STRADAN.

Les œuvres de l'un & de l'autre Collaert ont eſté faites des deſſins de Tobie de Verthaecht, de Martin de Vos, de Philippe Galle, de Joſſe de Momper, de Jean Stradan, H. Goltzius.

IEAN STRADAN.

Ce qu'il y a icy de ſon œuvre eſt gravé par Jean & Adrian Collaert, Theodore Galle, Corneille Galle, Pierre Furnius, Martin Hemskerck.

Franciſcus Vanden Caſteel, & Hadrian Hubert.

Il y a auſſi apres

MARTIN DE VOS, des pieces de

Criſpin de Paſſe, P. de Jode, Ch. Mallery, Jean Bervinkel, D. Van Boons Peintre, Jean Bapt. Barbe, Henry de Cleves. En tout 446 pieces.

LXXVI. LES CHASSES DE STRADAN.

Elles ont eſté gravées par Jean Collaert, Charles de Mallery, Corneille Galle, Theodore Galle, Adrian Collaert, Philippe Galle.

Il y en a d'autres de Tempeſte, de Marc Girard, de J. Van Boons, d'Eſtienne de Laune. En tout 150 pieces.

LXXVII. CORNEILLE GALLE.

Corneille, Theodore, Philippe & Corneille le jeune ont

fait plufieurs pieces de leurs propres deffins, & apres les deffins de Jean Bapt. Paggius Patrice de Gennes, Anfelme Van Hals, Nicolas Vanden Horft, L. Cigoli Florentin, Ventura Salimbene, Vanius, Jean le Blond Peintre, Martin de Vos, Jean Stradan, Theodore Vander Horft, Erafme Quelins, Egbert Van Panderen, Antivedutus de Gramatica, Abraham Diepenbecke, L. Ciamberlanus, Ambrofius Vrank, Auguftin Carrache, P. de Jode, Antoine Bocklant, Jean Van Hoek, Bertole, Ant. Vandick, Joffe de Montper, Charles VVautier, Francflore, Jules Mantoüan, L. Penis. En tout 449 pieces.

LXXVIII. LE BREUGLE, & HIEROSME BOS.

Pierre Bruegel l'un des celebres Peintres que la Flandre nous ait donné de fon temps, a fait beaucoup de pieces divertiffantes dont les Cabinets font ornez, Giles Sadeler a gravé fon Portrait apres Barth. Sprangers, & ceux qui ont travaillé apres luy, font P. Perret, J. Kock, Hierofme Bos Peintre, Hierofme Cock, Philippe Galle, P. Mandere, H. Bol, Martin de Vos, Guill. Van Nieulant, Henry Hondius. Il y a du Brugle & de Hierofme Bos 116 pieces.

LE CHEVALIER JACQUES BELANGE.
Celuy-cy a fait de fa main 47 pieces. En tout 163.

LXXIX. CORNEILLE SCHUT.

Peintre d'Anvers, a gravé en eau forte plufieurs pieces de fon invention, & il y en a d'autres de luy qui ont efté mifes au jour par Antoine Coget, Lucas Voftreman, Jean Popels, P. Pontius, Jean VVitdouck, R. Eijnhovedes.

Les Vierges de Saenredan.
Les Penitens dans les deferts de Corneille Cort.

GUILL. FAITORNE.
Anglois a gravé 32 pieces, apres Fridio, Ant. Vandeick, Guillaume d'Obfon, P. Lilly. En tout 174.

LXXX. MARTIN HEMSKERC.

Ce Peintre qui auoit certainement beaucoup d'invention, eftoit le Raphaël des Hollandois, il a fait plufieurs Hiftoires de l'Efcriture Sainte, & force pieces emblematiques, nous avons recueilly de luy 449 pieces qu'il a gravées luymefme de fon invention, qui ont efté gravées apres luy par DVC. c'eft de V. Coorhnert, Phil Galle, Gerard de Jode, Muller, Corn. Cort, Hierofme Cock, Martinus Petri, Petrus Furnius, Harman Muller, Jean Collaert. En tout 470 pieces.

LXXXI. FRANC FLORE.

C'est à dire Franciscus Flori ou Floris, Peintre des Païs-Bas, qui travailloit en 1558 a fait plusieurs pieces, dont on a fait des Estampes, d'entre lesquelles j'ay recueilly celles qu'il a gravées luy-mesme, & qu'ont gravées apres luy Antoine VVirix, Corneille Buz, Philippe Galle, Jacobus Spinthusius, C. Cort, Hieronimus Cock, Liefinck. En tout 102 pieces.

ANTOINE BLOCKLANT.

Ce Peintre a eu pour Graveurs, Phil. Galle, & Henry Goltzius, & nous avons de luy 27 pieces. C'est en tout 129 pieces.

LXXXII. & LXXXIII. VENCESLAS HOLLAR.

Celuy-cy est de Prague, & a gravé plusieurs pieces en eau forte que j'ay distribuées à 2 Tomes, & les a faites tất de son invention qu'apres les Peintres, Ant. Vandick, Jean Meyssens, Henry Vander Borcht, Bonaventure Peeters, Jean Holbeins, Jacobus Van-es, J. Danchert, Petrus Van Avont, Jules Romain, J. Hulsman, Abraham Diepembeke, Iacques Franquart Peintre de l'Archiduc Albert & d'Isabelle, fut peint luy-mesme par son Alliée, & par sa Disciple Anne de Bruins, en 1622 A. Elheimer, François Parmesan, Perrin del Vague, Antoine Correge, André Manteigne, Adam à Bierling, Anna Francisca de Bruyns Mensignoure Pictor, Lorenzo di Credi, il Paduano Martin Schon, Leonardo de Vinci, Martin Zimovivan, Ferdinand, L. Haskins, Albert Durer, Raphaël, Marcus Gerhardus Pictor Brugensis, Govvy, H. Garrer, Corneille Schut, P. Rubens, L. Craniole, D. Teniers, David Beck, Giles Sadeler, Jacques Palme, le Correige, Giorgione de Castelfranco, Bonamico Buffalmaco Pictore Venetiano, Titian, Johanina Vesella Pictressa Filia prima da Titiano, Sebastiano del Piombo Discipulo dal gran Giorgione, François Salviati, L. Van Artois Pictor, Loüys de Valdor, Sebastian Vranck, J. Brugel, Jean VVildens, Brighel Pictor, F. Barlovv, R. Gaivvood, Joannes Chrisostomus Prossovvski, Antonius de la Halle, le premier volume contiunt 558 & le second vol. 226. C'est en tout 764 pieces.

LXXXIV. GUILLAUME DELFF.

C'est à dire Guillaume Jacques de Delff, ce sont presque tous Portraits qu'il a gravez apres A. Vande Venne à

Midelburg, Michel Jean Mireveld, Daniel Mytens, R.
Voerst, Guitt Honderst, Jean Van Nes, Henry Merman,
Guill. Suvanenburg. M. Harings, Jean Nicolas Enchus
Pictor, C. Vander Voort, Guill. Duyster Pictor, A. Vinck,
D. Bailly, Jean de Rveesteyn, Lambert Jacques, P. Moreelz,
D. Petri Pictor, il y a 90 pieces.

HENRY HONDIUS,

De la Haye en Hollande a fait aussi divers Portraits, &
quelques-autres pieces de luy-mesme, & apres Antonius
Dyckius, Michel Jean Mireveld, Jsaec Mytens, Jean Dame,
& d'autres ont gravé apres luy, comme S. Frisius, J. Vanlier,
Everard Vander Maes, G. Honthorst, Ant. Vandeik, Crispian Vanden Queboren, Jacob Hoefnagel, Daniel Schultz
Steuen de Praet, Jean Vanlier, Guill. Munch, Adolf Boy
à Danzick, Martin Van Koutvvenburg, Pierre Danckers,
Joannes VVildens. Il y a 82 pieces. En tout 172 pieces.

LXXXV. PORTRAITS.

Il y en a 174 de divers Autheurs, Georges Braun de Cologne, Baptista Rotondus, Jsaac du chemin, Antoine Vandick, & Crisp. Queborn, S. D. Vlieger Peintre Hollandois,
G. Flinck Peintre Holl. C. Van Dalen le jeune, J. Livius,
P. Holl. Michel Mosyn, Corneille Danckers, Paulus Pon-
tius, Abraham Diepembeck, & Lomelin, Karle Van Man-
der, Alb. Haelvveigh, P. Codden, Frans Brün, Michae-
lina VVoutiers, Pictrice, Franciscus Luyck, Franciscus de
Nys, Jean Meyssens, Corn. Van Dalen, Joannes Livius,
Gerardus Petri N. Van Horst, Corn. Galle le jeune, Vænius,
C. Boël, A. Van Doës, Phil. Fruiiters, Gerard Segers,
Jacobus Neeffs, P. de Bruyne, M. Natalis, Frere Olivier
Cordelier, A. Khol. J. F. Fleischberger, Bordieu, Bernard,
J. Callot, Petrus Isselburg, Gaspar de Crayer, S. Bolsuvert,
Fabricius Chiari, C. Bloëmart, Cyrus Ferrus Joannes Bra-
mer, A. Bolsuvert, C. Mojaert, C. Gousblom, C. du Sart,
J. Suyderhoeff, A. Palmaed. C. Van Queboren, S. Dulie-
ger, If. A. Palamed, VV. Svvan, Andreas Stockius, Adrian
Souter, Joan de Velde, A. Cuyp, S. Savery, F. Allen, Jan-
sene, P. Holstein, Mattheus Kussel, P. de Jode, VV. Suva-
nenburg. G. Borch Jacob de Bacher, Pierre de Zetter, C.
Koning, Henricus Hondius, Pierre Teste, If. VVaesber-
gen, Jean Bapt. Borreekens Fr. Cornelis Coninck, Jean
Lulma le jeune, Orfevre, Graveur, G. C. Eimar, J. San-

drart de Nuremberg. Joachin Sandrart, Deſſinateur, Re-
gnerus de Perſyn, Jean Baptiſte de Rul, Jacques Pitau, G. de
Pas, C. Van Dalen, Th. Mathan, H. Roketz, Jean Paine
Criſpin Van de Pas, D. Loggan J. de Vos, C. Diiſart, A. Van
Nieuland, Van Negre, Baudrigien, Baliju, C. Tonhouſte,
H. Van Alde, H. Mayer, Abraham Conradus, Henry
Buſch, Pierre Clouvet, Paulus Van Vianen, A. Lutma, S.
A. Lamſvveerde, J. V. Zuylen, P. Popels, Henricus Mem-
ſius grand Ecrivain, Cor. de VViſcher. En tout 174 pieces.

LXXXVI. PIERRE DE IODE.

Graveur & Deſſinateur excellent, Diſciple de Goltzius,
à travaillé fort long-temps à Rome, il mourut en l'année
1634 Pierre de Ieune a fait ſon Portrait, apres M. Ferdinand, & nous avons de luy & de ſon fils diverſes pieces de
leur invention, outre ce qu'ils ont fait apres le Titian, Alexandre Caſolanus de Sienne, Robert Nolanus, appellé
Colyns Statuaire, & Jean Coomans auſſi Statuaire, Egman
Van Panderen, Pater Bartolomeus Fontebona Pict. Arte-
miſia Gentileſca Pictrico Napoli, Andreas Boſcolus Pictor
Florent. Frater Ambroſius Smetius, Antoine Salarts, Au-
guſtinus Bruyn, Adrian Collart, Abraham Diepembeck,
François Vannius, Aubertus Miriens, Bruxellenſis Canoni-
cus Antuerp. & autres, Adam Van Oirt, Jean Collart, Se-
baſtianus Vranck, C. VVoutiers, Henry Danckers, Simon
Vovet, Gerard de Jode, Huge Goltzius, Abraham Ianſſ.
Joachimus Sandrart, Eraſme Quellens, P. Van Mol, Ant.
Vandick, P. Rucholle, Corn. de Vos, Richart Collin,
Conrad VVaumans, C. Van Caukerkan, Theod. à Thul-
den, Jacques de Neffs, Ant. Vander Does, Gaſpar de Crayer,
Alexander Voet, Ottho Væni, Corn. Galle le jeune, Jean
Bapt. Van Anviem, Fred. Bouttats, T. VVilleboorts F.
Boultats, Paul Rubens Franciſcus de Nys, Charles VVou-
tier, Adrian Souter. Tout cela enſemble, 373 pieces.

LXXXVII. PORTRAIST D'ITALIE, & d'autres païs,

De divers Maiſtres, de Van Brenden pour des commencemens de Livres imprimez à Amſterdam en 1652 Adrianus Hanmeman, Henry Danckers Hagabatavus, Petrus
Anichinius, M. Kiiſell Calcographus, VV. Vaillant, Pierre
Lombard, M. Merian, Georgius Dux Albæ Marliæ, C.
Eimar Pictre, J. Sandrart, Oſvvalt Onghers, G. Chriſtofle Eimar Ro. Vaughan, P. de Jode, C. Meiſſens, C.

VVintiers, R. Meerte, C. Cauckerken, François de Nys, Corn. Meyssens, Jean Meyssens, Eqnes Octavius Leo Rom. Christophorus Ronchalis de Pomeranciis, Lud. Leonus Patavinus Pictor, Jconum Cuniorumque Scul. Eqnes Ioannes Laurentius Berninus Neapol. Sculptor, Eqnes Joannes Balionus Rom. Pictor, F. Stuerherlt, G. & Van Hondt Horst, Nicolas de la Casa, Johan Bass. Cor. Galle, Th. Pigut, J. Svvelinck, J. Van Meurs Calcog. Pet. Isselburg, Joanna Galle, Nicolaus Marotta, Pict. Jean Meyssens Peintre, P. Van Steupen, C. VVaumans, Jacques Neeffs, P. de Balliu, P. Clouvet, Federic Boutars, E. Van Eych Pict. Richart Collins, R. Van Brugge, L. Van Leyden, H. Goltzius, G. Glo, H. David, Robert Peake Anglois, P. Daret, M. l'Asne, J. Falck, Bernard Pict. Phil. Thomassin, Raph. Sadeler, Th. de Leu, E. Kysel, Crispin de Pas, Francisco Cuiti, Melchior Tavernier, Jacq. Calot, P. Van Lochon, Robert Nueis, Augustin Bruun Pict. François Brun, Abraham Conraed, Lazarus Baldus, Gorn. Bloemaert, Ant. Vander Does, Rambout Vanden Hoeye, Christofano Betello da Rimini in Modena, VV. Altzenbach, S. Saureij, Daniel Meisn, Alexandre Voet, P. Scalberge, Jean Sudburi. En tout 269 pieces.

LXXXVIII. Portraits d'Angleterre,

De divers Maistres dessinez & gravez par Thomas Jolmson Pict. Brittaines Bursse, François Van Benseam, R. Elstrack, Corn. Galle, François Delaran, Crisp. Queborn, Corneille Danckers, Gerric Mountin, Thomas Geele, Simon Passe, Guill. Peack, Guill. Maesthall. Scut, Robert Vaughan, Michaël Janss. Mir. Pict. Thomas Jenner, P. Van Lomer, Pict. Ro. Van Abraham, D. Coogac, Martin D. Ro. VVillam Marstial, George Humble, R. Gayvvoot, Joannes Barra, Robert Boissard, Jean Cressius, Sebastian Furck, The. Dezyre, Martin Droes Hout Sculptor, Thomas Johnson Pict. Reg. Brit, J. Villiam Rudilgard, Joannes VVoutnellius Belga, Seb. Lellin, Guillaume Faitorne, VVillan Riddiard, Jsach Jsachsen, R. A. Persyn, Corn. Johnson, G. Glover, Thomas Banckes, VVill. Dobson, G. Geldorp, Voverst, C. Van Dalen, Gross. P. de Jode, VVill. Passe, Pierre Isselburg, J. V. Velde, Crispin Van de Passe, Edm. Bovver Pict. G. Glover, J. Paine, Stephan Harison, C. Boel, H. Goltzius. Il y a 400 pieces.

LXXXIX.

LXXXIX. PORTRAITS D'ALEMAGNE.

De divers Maiſtres Deſſinez & Gravez par Criſpin de Paſſe, Dominique Cuſtos, Georgius VVickgram Spirenſis Pictor, Petrus Iſſelburc, Jean d'Ach. Pict. Mang Kilian Pictor, VVolfangus Kilian Sculp. Jacobus ab Heïden Sculptor Argentinenſis, P. Soutman, Dominico Zoroti Nicolo Nelli. Il y a 224 pieces.

XC. JEREMIE FALCK.

Celuy-cy Polonois a gravé pluſieurs pieces, non ſeulement de ſon deſſin, mais encore apres Juſte d'Egmont, Jacques Stella, Van Mol, Marcin German Geometre, Guill. Hondius de la Haye, J. le Blond, D. Kloxer Pict. A. Boy Pict. à Danzick, E. Quellinus, Sebaſt. Bourdon, D. Beck Pictor, D. Schultz Pictor, Danckiers Pict. H. Munich Pictor, A. Cooper Pictor, S. VVagener Pict. G. Dittmaens Pictor, Adolfe Boy Pictor, Helmich à Jvvenhuſen Pictor. Il y a en tout 93 pieces.

XCI. PIERRE VAN SCHUPPEN.

J'ay receüilly dans ce volume 33 pieces de ce Maiſtre Flamen, leſquelles il a gravées à Paris & dans ſon Païs apres Gaſpar de Crayer, Jacques Stella, Abraham Diepembeck, Raph. d'Urbin, Jean Meyſſens, P. Mignar, N. Mignar, Juſte d'Egmont, J. Nocret, V. Vaillant, Fr. Chauveau, Pierre Van Lint, Lucas François, Pierre François, Charles le Brun, Beaubrun, J. Dieu, Ant. Vandicx.

NICOLAS PITAU.

Il y a de celuy-cy 24 pieces qu'il a gravées à Paris & en ſon Païs apres Simon François de Tours, Philippe Champagne, Louys Carrache, Raph. d'Urbin, S. Villequin, le Guerchin, Baubrun, C. le Febvre. En tout 57 pieces.

XCII. UN LIVRE

Intitulé *Speculum Romanæ magnificentiæ*, contenant preſque tous les Monuments qui reſtent de l'ancienne Rome, où il y a 118 figures, le tout imprimé chez Antoine l'Affreri à Rome en 1565.

XCIII. PORTRAITS

De divers Maiſtres d'Jtalie, d'Alemagne & des Païs-Bas, leſquels ont eſté deſſinez & gravez par Nicolas Beatricius, Sericius, Cæſar Baſſanus, Paulus Manpinus, Joannes Bapt. Bonacina, Hippolitus Salvianus Romanus, in ſua Hiſtoria Animalium aquatilium, cum eorumdem formis aere excuſis,

I

anno 1593. Cæsar Dominicus, Dominicus Cuſtos, Eques Octavius Leonus Pictor, Joannes Florimus, Georges Pentz, HSL, 1554, Battiſta del Moro, Jules Bonaſone, Eneas Vicus, l'Eſpagnolet, Franceſco Terzo Pittore, Horatio Brunis, Velazquez Pictor Madritti 1638. Thomas Jonner, Aug. Carrache, Georgius VVickgram Spirenſis Pictor, Fabio Licinio Pict. P. de Bruyn Sculp. l'Heſpagnolet, Giacomo Piccino, Hieronimus Cock, Aleſſandro Victorio Claſſico Sculptore è Architecto, Lud Pozzoſaratus Flandrenſis, Jacobus Tintoret, Dominico Falcini Fiorenza, Franciſcus Ravenna Pict. Nicolo de la Caſa, Nicolas Perrey, Joannes Bapt. Van Heil Pictor, Ant. Vandyck, Titian, Gaſpar Griſpoldi, Corn. Cort, Joannes Maria Morandi Pictor, Herman Pannels Madritti, Fr. Vannius, Joannes Eillarts Frigius Sculptor, P. Harlingenſis Pictor, Ger. Van Hondt Horſt Pictor, R. Collin, J. Troyen, VV. Vaillant, Dominicus Cuſtos, Ragueneau Pict. P. Philippe Sculptor, R. Garivood, Matthieu Merian, Bernardinus Baſſianus Pict. A. Sallart Pict. A. Lommelin Scul. le Blond Peintre, Jean l'Enfant, Guillaume Akerſtoot Peintre de Harlam, A. B. c'eſt Abraham de B. chez Hans Liefrinck, Philippe Galle, L. Cornelli, Jacques de Heiden, Theophilus Dachtler Pict. Il y a dans ce Livre 213 pieces.

XCIV. PORTRAITS DE PAPES ET DE CARDINAUX.

De divers Maiſtres qui les ont deſſinez ou qui les ont gravez eux-meſmes, entre leſquels ſont Elie du Bois, Michel l'Aſne, Fr. Villamene, Donatus Bortellus, C. Audran, Theod. Galle, Robert Piccou Turon Pict. Hieroſme David, Jean Valder, Carlo Cæſio Pict. Aubertus Clouvet, Joſeph Teſtana Gennenſis, Jo. Ma. Morandi Pict. Guill. Valet, Eſtienne Picart, Hippolitus Leon Pict. Jo. Batt. Bonacina Sculptor, Dominicus Piolæ Genuenſis Pict. Petrus Martyr Pict. Dom Rainaldus Pictor. Il y a 541 pieces.

XCV. PORTRAITS D'EMPEREURS ET DE ROYS.

De divers Maiſtres. En tout 443 pieces.

XCVI. PORTRAITS DE DIVERS PRINCES D'JTALIE.

D'Alemagne & autres lieux de divers Maiſtres, de Pietre de Jode, Cripin de Paſſe, Bolognini Zalterij, VV. Killian, Dominique Cuſtos, Jean d'Ach, Georges VVickgran, & autres. Il y a 300. pieces.

XCVII. Portraits de Princes d'Italie et des Païs-Bas de divers Maistres.

Là sont les Ducs de Milan, les Comtes de Frise, les Comtes de Flandres, les Ducs de Brabant, les Comtes de Hollande, les Comtes de Tirol, les Roys de Portugal, les Roys de Naples, les Ducs de Milan differens des premiers, les Ducs de Venise, les Ducs de Savoye, les Ducs de Mantouë, les Ducs de Ferrare. En tout 312 pieces.

XCVIII. Portraits.

De Thevet & d'illustres Turcs de divers Maistres, il y a 372 pieces.

XCIX. Autres Portraits,

D'André Thevet, & de quelques autres Princes & Personnages illustres, d'un Livre imprimé à Venise chez Bolognini Zalberi. Il y a 371 pieces.

C. Portraits

De France de divers Maistres, là sont les Roys les Reines, les Roys d'Austrasie & autres Personages illustres. Il y a 456 pieces.

CI. Portraits,

D'Empereurs & de Princes illustres dans un Livre intitulé, *Augustissimorum Imperatorum Serenissimorum Regum atque Archiducum, Illustrissimorum Principum, nec non Comitum, Baronum, &c. ex omnibus fere orbis terrarum Provinciis, &c. Opus continuatum & absolutum à Iacobo Schrenckhio de Moringen, Oeniponti.* C'est à Insprucx en 1601, ce Livre contient 268 figures debout.

CII. Portraits

De doctes Personages de divers Maistres, Philippe Galle, H. H. Anglobritanus, de Crispin de Passe. Il y a 403 pieces.

CIII. Autres Portraits,

De Sçavants, de Medecins & de Peintres. Il y a 396 pieces de divers Maistres, & de belle impression.

CIV. Livre des Portraits

Des Foucres d'Augebourg, dessinez & gravez par Dominique Custos, en 1593. Il y a 130 pieces.

CV. Portraits

De Personages illustres apres l'Antique, gravez par des Maistres divers, & premierement un Livre intitulé, *Illustrium imagines ex antiquis Marmoribus, Numismatibus, &*

gemmus expreſſus, quæ extant Romæ, Major pars apud fulvium Vrſinum, & I. Fabri ad ſingulas commentarii. Theodore Galle les avoit deſſinées à Rome, & les grava à Anvers en 1598.

Un autre Livre intitulé, *Illuſtrium Virorum ut extant in urbe expreſſi vultus Romæ an 1569 formis Antonij Laffreri.*

Autre Livre intitulé, *Effigiis 24 Romanorum Imperatoris à C. Iulio Cæſare ad Heliogabalum, Marius Cartarus, fecit Romæ, an. 1578.*

Dames Romaines, & Portraits de Philoſophes.

Un Livre intitulé, *Regum Romanorum, ex antiquis Numeſmatis Marmoribuſque exactiſſima Effigierum delineatio Vulturio Recutito aucthore.*

Un autre Livre intitulé, *Varie accouciature di Teſte uſate in diverſa Citta di d'Italia,* par Giouan Guerra. Ce volume contient en tout 439 figures.

CVI. IMAGES DE SAINTS,

Et de Saintes, & de figures emblematiques de divers Maiſtres, Jean Stradan, Theodore Galle, Raphaël Sadeler, Jean Bapt. Barbé, Corn. Galle, Odoard Fialetti, Adrian Collart, D. Teniers, Michel Sniders, Boëtius de Bolſvvert, Abraham Bloemaer, Corn. Kilian, Martin de Vos, Jean Collart, Phil. Galle. Il y a 338 pieces.

CVII. PORTRAITS EN BOIS,

A la plume, & en taille douce de divers Maiſtres, tirez du Livre de Paul Joüe, du Livre des cent Capitaines, & du Livre de la Caſe Vrſine. Il y a auſſi un Livre des Dieux & Deeſſes tirée de l'Antique, & d'autres de Portraits de Turcs, par Theodore de Bry Citoyen de Liege, en 1596. Il y a 537 pieces.

CVIII. UN LIVRE DE PORTRAITS

En bois, intitulé *Imperatorum Romanorum, omnium Orientalium & Occidentalium imagines ex Antiquis Numiſmatis delineatæ, addita deſcriptione ex Theſauro Iacobi Stradæ. Tiguri ex Officina Andreæ Geſneri,* anno 1559 in fol. Il y a 177 figures.

CIX. LIVRE DE PORTRAITS

En bois de divers Maiſtres, avec les Ceſars de Tempeſte gravez par Schiaminoſe, les Portraits en bois d'Albert, d'Eneas Vicus, de Goltzius, de Lucas Cranis, apres Titien.

Là font les Roys de France, de Naples, & d'Angleterre, les illuftres de la Maifon d'Autriche, les Peintres du Vafare, & plufieurs autres.   Il y a 455 pieces.

CX. UN LIVRE DE PORTRAITS

Des Comtes de Hollande, intitulé *Principis Hollandiæ & VVeftfrifiæ aufpiciis Petri Scriverij*, les figures gravées par P. Soutman en 1650. Il y a 40 Figures apres Jean Van Eych, Rogier Van Brugghe, Lucas de Leyden, J. Moftrart, Titian, A. Moro, P. P. Rubens.

CXI. IEAN THEODORE DE BRY de Liege.

L'œuvre de ce Maiftre confifte en 129 pieces, lefquelles il a gravées de fon invention, & apres Jacques Kempiner, Titien, Michel Blondus à Amftredam, Guill. Janfen, Crifpin de Paff. Hierofme Baung Peintre à Nuremberg, Jean Sterter & Daniel Zech à Augfbourg en 1615.

Les Images des Sultans defcripts par Jacques Boiffard de Befançon & gravez par Theod. de Bry de Liege en 1643.

Blochom, Marc Gerats Peintre, Philippe Galle, Jods Bofcher, Jacques Jacquart, Baltazar Silvius pour des Morefques, & François Glein.

JEAN VALDOR, de Liege,

A travaillé apres Michel Pontianus, & a fait beaucoup de chofes de fon invention, dont nous avons icy recueilly 86 pieces.

CHARLES DE MALLERI, d'Anvers.

Ce Maiftre Graveur ne marque pas les nõs de ceux apres lefquels il a travaillé, & nous avons recueilly 342 pieces de fon œuvre, contenuës dans ce volume icy. Il a fait neantmoins bien des chofes apres Martin de Vos, Hierofme VVirix, Antivedutus de Grammatica, Daniel du Montier, D. Rabel, J. Stradan, Fr. Vannius, Adrian Collart, & Matthieu.

JEAN BAPTISTE BARBE.

Il a graué apres Theodore Vanlo, Corn. Galle, Francifcus Franc, Jean Bapt. Paggius Patricius Genuenfis, Martin de Vos. Il y a icy de luy 57 pieces. En tout dans ce volume 812 pieces.

CXII. UN LIVRE DE DIVERS MAISTRES.

Les Metamorphofes de Francefco Glein, gravées par Salomon Savery, en 17 pieces.

Les Metamorphofes de Pierre Vander Borcht imprimées

à Anvers chez Theodore Galle en 1622, contenant 178 pieces.

Les Jugements de J. VVeetvvael gravez par C. Svvanenburg. En 13 grandes pieces.

E D O Ü A R D   E C M A N , Graveur en bois,

A fait 105 pieces apres L. Bufinck, & Jacques Calot.

M A I S T R E   E S T I E N N E   D E   L O S N E.

Celuy-cy de la Ville d'Orleans a deſſiné & gravé de ſon invention, & des deſſins de Raphaël & de quelques autres en petit, 318 pieces.

M A I S T R E   R E N E'   B O I V I N , d'Anjou.

Il y a icy de luy 23 pieces.   En tout dans ce volume 811 pieces.

CXIII. CXIV. & CXV. C R I S P I N   D E   P A S S E, de Zelande.

L'œuvre de ce Maiſtre diſtribué en 3 volumes conſiſte en pluſieure pieces qu'il a gravées de ſon invention, & apres Geldorpius, Goltzius, François Pourbus, Jean de Mabeuge, Jean Henry VVegman de Lucerne, Abraham Bloëmaert, Joſſe VVinghe, Auguſtin Braun, Criſpine Vandrabroeck, Martin de Vos, le Chevalier Jacques Belange, Jean Rottenhamer, Hippolitus Andreaſius, Criſpian Queborne, Criſpiaen, J. Spechar, Marius Arconius, Jean Van Achen, Quintin de M. H. Van Balen, Jacques de Zettre, Gabriel Spilberg, P. de Jode, Paul Morelſe d'Utrect Peintre, Joachimus Junius Pict. Roëlant Saveris. Et ceux-cy ont auſſi gravé dans le meſme Recueil, Criſpin de Paſſe le jeune, Magdelaine Paſſe, Barbara filia Criſpine, & Gilbert Paſſe, Martin Freminet, Jean Stradan Gilles & Jean Sadeler, Georg. Bohm Herman de Vallenhoüe Peintre.

Les Portraits gravez par Simon Paſſe, Criſpin de Paſſe le jeune & le vieux Criſpin, auſſi bien que Guillaume Paſſe, apres N. Negre, Geldorpius Gortzius, Iſaac Olivier, Michel Mirevelt, P. C. Van Somer, Regier Mich Her Nad VVilliam Peake, D. du Moutier. C'eſt en tout dans les 3 volumes 861 pieces.

CXVI. F R A N Ç O I S   P E R I E R ,

Peintre François qui a pris ſa naiſſance en Bourgogne, a deſſiné & gravé pluſieurs pieces de ſon invention, & d'autres auſſi ont gravé ſur ſes deſſins, tels que François Bourlier, Gilles Rouſſelet, & J. Couvai. Il y a auſſi quelques pieces de l'Arc de Constantin, de Mattheo Piccioni Romain, G. Perier le jeune de Mascon, de qui nous avons deux pieces, l'une desquelles est gravée par Gabriel le Brun. Ce sont en tout 215 pieces.

CXVII. SIMON VOVET,

Peintre François & premier Peintre du Roy, de qui les ouurages sont assez connus, a dessiné plusieurs pieces de sa main, qui ont esté gravées & mises au jour par Michel Dorigni & François Tortebat ses Gendres, qui sont aussi des Peintres considerables, son Portrait a esté fait par Ant. Vandick, par Fr. Perier, & par le Chevalier Octavius Leonus Peintre Romain, & entre ceux qui ont gravé apres luy, outre Michel Dorigny qui en a plus fait que pas un seul de tous les autres, il ne faut pas oublier Michel l'Asne, Claude Melan qui a fait aussi le Portrait de Virginia de Vezzo de Veletri Peintresse, femme de Simon Vovet, Pierre de Jode, Frederic Greuter, P. Daret, François tortebat, Joan Boulanger, Jean Couvay, Regnesson, Pierre de Jode le jeune, Franc Ragot, Charles David, Karlo Audran, Jean Troschel.

Il y a aussi quelques pieces d'Aubin Vovet, gravées par M. l'Asne. En tout 168 pieces.

CXVIII. CLAUDE VIGNON.

L'œuvre de ce Peintre qui doit sa naissance à Tours, est de 237 pieces qu'il a gravées luy-mesme en eau forte, ou qui l'ont esté en diverses maniere par P. Daret, Pierre Firens, Karle Audran, Gilles Rousselet, Michel l'Asne, Hierosme David, Antoine Garnier, Pierre Lombard, Iean Couvaj, Gaspard Firens, René Lochon de Paris, Guillaume de Geijn, Charles David, C. Danckerts, J. Ganiere, des Hayes, Pierre le Maire disciple de Vignon, Abraham Bosse, Pajot.

CXIX. JACQUES BLANCHAR,

Peintre de Paris a fait plusieurs pieces qui ont esté gravées par luy-mesme, & par Pierre Daret, Jean Couvaj, Giles Rousselet, François Poilli, & autres. En tout 45 pieces.

LAURENT LA HYRE.

Peintre François à dessiné & gravé de sa main plusieurs pieces qu'il a faites, & d'autres en ont aussi gravé apres luy. En tout 119 pieces.

CXX. Iacques Stella

Peintre François de Lion, honoré de la qualité de Chevalier, a deffiné & gravé luy-mefme plufieurs pieces de fa main, & d'autres auffi en ont fait apres luy, tels que J. Couvaj, Fr. Poilly, H. David, P. Daret, Giles Rouffelet, P. Van Scupen, Abraham Boffe le jeune, Jeremie Falcx, Claude Goyrand.

Claudia Stella fa Niepce a auffi mis au jour quelques pieces de fa façon qui font fort agreables, outre fes 4 Livres d'ornement d'Architecture, & les figures qui ont efté mifes de fa main dans le Miffel François de Monfieur Voifin.

Il y a un Paul Stella Peintre d'Italie, dont il y a icy une eftampe imprimée à Milan. Le nombre des pieces de ce Livre eft de 151.

CXXI. Daniel Kabel.

L'œuvre de ce Peintre François feroit fort nombreufe, fi nous en avions pû recueillir tous les commencemens de Livres dont il a donné des deffins, ou que fon nom euft efté mis dans toutes les pieces de fon invention qui ont patu au jour. Entre ceux qui ont gravé apres luy, on peut nommer Leonard Gaultier, P. de Jode, P. Firens, Melchior Tavernier, Sebaftien Voüillemont, C. David, M. l'Afne, & luy-mefme en a gravé beaucoup de fa main.

Il y a auffi des pieces de Jean Rabel fon Pere, dont nous en avons icy quelques-unes gravées par Th. de Leu, Ch. Malery, & qui ont auffi efté gravées de fa propre main. En tout 187 pieces.

CXXII. Philippe Champagne.

Ce Peintre a eu pour Graveurs, Michel l'Afne, Jean Morin, Gilles Rouffelet, Rob. Nanteuil, Pierre Daret, Gregoire Huret, Ch. David, Nic. Poilli, P. Lombard, N. Pitam, Jean Alix, J. Boulanger & autres.

Jean Morin.

A gravé quelque chofe de fon invention où il n'a pas mis fon nom, & nous a laiffé des Eftampes apres Raphaël, Titien, Carrache, Georgeon, Fouquier, Poelenbourg, Champagne, Pourbus, Cl. Lorrain, Ferdinand, Jufte, Vandick, Citermans, Frere Donftan de l'Ordre de S. Benoift, Hierofme Franque Peintre du Roy.

Nicolas de la Platte, Montagne & Michel Montagne. En tout 171 pieces.

CXXIII.

CXXIII. CHARLES LE BRUN,

Peintre du Roy, dont nous avons quelques pieces gravées de sa main, sans les autres qui ont esté faites apres luy.

CXXIV. GILES ROUSSELET.

Excellent Graveur en taille douce, dont j'ay recueilly l'œuvre assez entiere en partie de son invention & quelques-unes apres Charles le Brun, dont il a suivy heureusement les desseins, aussi bien que de Claude Vignon, de Jacques Blanchar, de Laurent la Hire, de François Perier, de François Chauveau, de Gr. Huret, de N. Loir, de Loüys Hans, de Ph. Champagne, de Daniel du Moutier, de Charles Erar, de Jean Valdor, de Gilbert Seve, sans parler des pieces qu'il a faites apres Raphaël, Titien, Pietre de Cortone, le Guide, Augustin Carrache, Fr. Vanius, Paul Veronese, François Albane, Sebastien Bourdon, Jacques Stella, Loüys Tettelin, le Dominicain, Paul Farinate, Frere G. P. Cordelier, & autres. En tout 334 pieces.

CXXV. DIVERS PEINTRES FRANÇOIS, EUSTACHE LE SUEUR.

Ce Peintre François Parisien a travaillé avec succez dans le peu de temps qu'il a vescu, & les Graveurs qui ont travaillé apres luy sont Pierre Daret, Michel Dorigny, Jean Couvaj, dans les 13 pieces que nous avons de luy.

JACQUES SARASIN, de Paris,

Peintre & Sculpteur, a fait seize pieces que nous avons apres luy gravées par P. Daret, & Michel Dorigny.

PIERRE & NICOLAS MIGNARD.

De la Ville de Troye, le premier appellé le Romain, & l'autre Avignonois, parce qu'ils ont demeuré à Rome & en Avignon, travaillent maintenant tous deux à Paris avec succez. Le premier a gravé luy-mesme quelques pieces à Rome, & Nicolas Mignard en a gravé cinq ou six en eau forte de sa main apres l'invention d'Annibal Carrache. Il n'y en a que 16 de l'un & de l'autre dans ce Livre.

CHARLES ERRARD

De Nantes, qui demeure maintenant dans les Galleries du Louvre, où il travaille avec succez, a conduit l'œuvre que nous avons de ses desseins, & de l'invention du Guide, & d'Annibal Carrache, par la main de François Poilly, Gilles Rousselet, Karle Audran, P. Daret, René Lochon, G. Tournier & Michel Mosin. Pour 58 pieces diverses.

K

SEBASTIEN BOURDON.

Peintre François de la Ville de Montpellier a fait diverses pieces qui ont esté gravées par luy-mesme, & par Giles Rousselet, M. Natalis, P. Lisebetius, T. Van Kessel, Gregoire Huret, Rob. Nanteüil, J. Couvaj, S. Bernard. Il n'y a icy de luy que 30 pieces.

SIMON FRANÇOIS

De la Ville de Tours Peintre considerable, a fait graver 7 pieces de son invention, par Jean Couvaj & Nicolas Pitau.

JACOB BRUNEL

De Tours, fut un Peintre fameux du temps du Roy Henry le Grand : & cependant nous n'avons que trois Estampes apres luy, l'une en eau forte de Henry Oldelen, qui n'est pas un nom de grande reputation, la seconde de Pierre de Jode, pour le Portrait de Pierre de Franqueville Architecte & Sculpteur du Roy Tres-Chrestien, qui pour son merite fut honoré de la qualité de Citoyen de Pise. Et le Portrait d'Henry IV. en busq dans une niche gravée par Th. de Leu.

ROBERT PICOU

De Tours Neveu de la femme de Bunel, nous a laissé de luy-mesme quelques pieces en eau forte, & d'autres de l'invention de Jacques Bassan. Et Hierosme David en a fait une apres luy qui est le Miracle de S. François de Paule traversant la Mer de Sicile, & en suite les illustres de son Ordre, jusques au nombre de 105. mais elles ne sont pas dans ce Livre, où il n'y a que les 3 pieces de sa main.

FRANÇOIS POURBUS.

Il n'y a icy que 3 pieces de son invention, qui ont esté gravées par J. Sadeler.

TOUSSAINT DU BREUIL

Peintre François, sous le regne du Roy Henry IV. n'a pas eu beaucoup de Graveurs apres luy, & je n'en ay que fort peu de pieces, qui ont esté faites par P. Fatoure, & par Gabriel le Jeune son disciple.

MARTIN FREMINET.

Ce Peintre de Paris qui eut grande reputation en son temps, ne nous a laissé icy que sept Estampes de ses dessins, gravées par Philippe Thomassin, & par Crispin de Passe.

NICOLAS PROVOST,

Peintre François de Paris, apprenty de Claude Vignon a gravé six petites pieces en eau forte, & il y en a une autre petite apres luy qui a esté faite par C. David. C'est à dire 7 en tout.

JEAN BOUCHER,

Peintre de Bourges, a fait de sa main 5 pieces en eau forte.

PIERRE BIARD, de Paris,

Sculpteur en Pierre, a fait aussi 12 pieces en eau forte.

NICOLAS DE LA FAGE,

Peintre en Broderie à l'éguille de la Ville d'Arles en Provence, a gravé six pieces en eau forte, & une autre l'a esté apres luy par J. Lenfant. Si bien que nous ayons 7 pieces de sa façon.

MONSIEUR LE PRINCE ROBERT PALATIN

A fait deux petits Paisages en eau forte.

MONSIEUR L'ABBÉ DE PONT-CHASTEAU,

A fait aussi deux petites pieces que je considere pour son merite, & pour la dignité de sa personne.

GEORGES L'ALLEMAN,

Peintre François de Nancy a dessiné plusieurs pieces qui ont esté gravées en bois & mises en clair obscur par L. Büsinck. Il y en a outre cela en eau forte qui ont esté gravées par luy-mesme, & d'autres par Michel Dorigny, P. Brebiette, & J. Ganiere.

Messire Philbert Jean de Filhet de la Curée, Chevalier de la Province de Zuthfen a gravé en taille douce de son invention, une Image de la vie humaine.

Frere Loüys Barbasan de l'Ordre de Premontré a gravé le plan & la perspective de l'Abbaye de Premontré apres le dessin de Frere François Buyrette du mesme Ordre.

Messire Claude Maugis, Conseiller & Aumosnier du Roy & de la Reine Marie de Medicis, Abbé de S. Ambroise de Bourges, dont le Portrait a esté gravé par Lucas Vostreman a dessiné cinq ou six testes à la plume dans ce volume, où sont comprises en tout 226 pieces.

CXXVI. LEONARD GAULTIER.

Ce vieux Graveur a gravé plusieurs pieces de son invention, & entr'autres des commencemens de Livres, & des Figures de Theses emblematiques, pour le Pere Martin

Meurisse Cordelier, depuis Evesque de Madaure Suffragant de Mets, & a gravé aussi apres les deffins de Daniel Rabel, d'Antoine Caron & autres, en tout 800 pieces.

CXXVII. MICHEL L'ASNE, Graveur du Roy

De la Ville de Caën en Normandie a fait une œuvre considerable en taille douce, dont force pieces qu'il a gravées font de son invention, mais il en a fait aussi beaucoup apres des Originaux d'autres Peintres excellents, tels que Paul Veronese, Ch. le Brun, P. Paul Rubens, Josepin, Annibal Carrache, Jean Benedette Genovese, Simon Voüet, Raphaël, François Chauveau, Vincent Plassard, Daniel du Moustier, Salomon de Brosse Architecte qui a basty Luxembourg, Phil. Champagne, Jacques Gaffarel, Jean le Blond, Henry de Bruch Abbé, Beaugin, Ferdinand, Alexandre Francine Florentin, Nocret, Pelerin, Abraham Diepembeck, Lucianus Borz, Ant. Vandick, Laurent de la Hire, Claude Vignon, Aubin Voüet, l'Hespagnolet : Il Cavalier Oratio di Ferari Genovese, Abraham Bosse, Saint Igny, François Frank. Il y a encore outre cela deux volumes en tout 610 pieces.

CXXVIII. PIERRE DARET

De Paris, a presque gravé toutes les pieces que nous avons d'Eustache le Sueur, & de Jacques Sarasin, il en a aussi gravé beaucoup apres Simon Voüet, quelques-unes de son invention, & d'autres encore apres Michel Ange Caravage, Jacques Blanchar, Jacques Stella, le Guide, Annibal Carrache, Michel Corneille, Ant. Vandick, Gerard Segers, Erasme Quelins, Ch. le Brun, le Titien, du Garnier, Daniel du Moustier, le Breton, Ph. Champagne, Leonard de Vinci. En tout 409 pieces.

CXXIX. & CXXX. GREGOIRE HURET,

Dessinateur & Graveur de la Ville de Lion, a fait un fort grand nombre d'Images de devotion, outre ses Theses, ses Portraits & autres pieces de son invention, en ayant d'ailleurs fort peu fait apres d'autres Peintres ou Dessinateurs, encore n'y a-t-il que des Portraits comme quelques-uns qu'il a faits apres Ph. Champagne, les Beaux-Bruns, Loüys Girard, A. de Vris, Sebastien Bourdon, mais d'autres ont gravé apres luy, comme Giles Rousselet, & Jean Couvaj. En tout 420 pieces.

CXXXI. & CXXXII. ABRAHAM BOSSE

De la Ville de Tours, l'un des meilleurs & des plus excellens Graveurs en eau forte qui ait iamais esté, a fait plusieurs pieces de son invention avec quelques autres qu'il a
gravées, apres S. Igny, C. Vignon, Laurent la Hire, Paul
Farinate, Jacques Bel-Ange, Alexandre Francine Florentin Architecte, J. Barbet Architecte : Mais cela n'est pas
considerable en comparaison de tout le reste que nous avons
recueilly de luy en 2 volumes, pour 790 pieces.

CXXXIII. FRANÇOIS CHAUVEAU

De Paris l'un des plus ingenieux Dessinateurs & Graveurs en eau forte qui soit de nostre temps, & qui s'est ren-
du recommendable par un fort grand nombre d'ouvrages
qu'il a faits pour des Histoires & pour des commençements
de Livres, n'a presque rien fait que de son invention. Il a
pourtant gravé quelques pieces apres Laurent la Hire, &
apres les dessins de Charles le Brun, Jules Romain, Fr. Romanelle : mais d'autres ont gravé force pieces apres luy,
tels que Giles Rousselet, Pierre Gobilles, C. Lauvers, Larmessin, Jean Boulanger, Jean Couvaj, B. Kilian, Nicolas
Regnesson, Robert Nanteüil, Charles Audran, Estienne
la Belle, Gabriel le Brun, Nicolas Pitau. Son œuvre est
distribuée en 2 Tomes. En tout 600 pieces.

CXXXIV. KARLES AUDRAN.

C'est ainsi que ce bon Graveur escrit son nom à la dife-
rence de Charles Audran son Frere ou son Cousin Germain,
qui demeure à Lion, & qui n'est pas certainement si excellent Ouvrier que luy. Celuy-cy a fait plusieurs pieces de
son invention, & a travaillé apres Annibal Carrache, le
Guide, Jacques Stella, le Titien, le Dominicain, François
Albane, Perrin del Vague, le Valesio, Ch. Errard, Eustache le Sueur, Fr. Chauveau, Charles Mellin de Loraine,
André Cretey, Simon Voüet, Pierre de Cortonne, Antoine Pomerange, Jacques Sandrart, Jean Bap. Ruggirius,
Spiritus Camberiensis, Andrea Sacchi, Claude Vignon,
Cyrus Ferrus. Il y a un Claude Audran qui a fait le Por-
trait de Gallilei. L'œuvre d'Audran est de 130 pieces.

GUILLAUME DU CHASTEAU,

De la Ville d'Orleans fort bon graveur, à travaillé apres
Nicolas Poussin, Pierre de Cortone, Guill. Courtois, Charles Marattus, Cyrus Ferrus, & quelques autres. Il n'y a icy
de luy que 12 pieces.

GUILLAUME VALLET,

De Paris a le burin fort beau, & grave poliment, il a travaillé en Italie & ailleurs apres le Guerchin, le Guide, Carlo Cæsio & Raphael, Antoine Paillet, Thomas Manessier, Jean Marie Morandi, Carolus Marattus.

François Spierre de Loraine apres P. F. Mola, & apres J. M. Morandi.

Estienne Picard qui grave aussi poliment apres Fabritius Clarus.

Abrahamus Heckius, Dessinateur & Graveur, Mich. Natalis apres Mattheo Pagani.

Castel, apres M. L. I.

Frederic Greuteur apres André Carrache, Ce Livre contient en tout 177 pieces.

CXXXV. LES FERDINANDS.

Ferdinand Elle, qui estoit le fameux Peintre Ferdinand de la Ville de Malines en Flandres, & Loüys & Pierre Ferdinand ses fils, ont fait plusieurs Portraits, lesquels ont esté gravez par Jean l'Enfant, Grignon, J. Frosne, Michel Van Loch, C. David.

LOÜYS FERDINAND

A gravé aussi des Portraits apres Ant. Vandick, & a fait celuy de Nicolas Poussin, nous avons aussi de luy deux Livres de Portraiture à l'eau forte, quelque chose apres le Bologne, & apres L. Tettelin.

LOÜYS & HENRY TETTELIN,

Ont aussi dessiné des pieces que le mesme Loüys Ferdinand à gravées apres Van Obstal qui estoit un bon Sculpteur, Louys Tettelin a fait aussi quelques pieces de sa main, & Michel Mosin, Gilles Rousselet, Louys Ferdinand ont gravé apres luy.

Corneille Holstein a fait plusieurs jeux d'Enfans gravez par Michel Mosin.

G. Van Eickhoudt, a fait aussi des jeux d'Enfans gravez par M. Mosin.

J. A. Backer Dessinateur, a fait des pieces gravées par M. Mosin.

MICHEL MOSIN.

Outre les pieces des Maistres que je viens de nommer, en a fait encore d'autres apres Jean Benedic Castillon, Charles Errard, & Pierre Van Avont.

NICOLAS DE LORMESSIN,

De Paris à fait quelques pieces apres Beaubrun, Strefor, Cheron, & autres qu'il ne nomme point.

GABRIEL LE BRUN,

De Paris a gravé des pieces apres Charles le Brun fon Frere, Gabriel Perier, Nocret, Louys Beaubrun, Louys Tetelin, Ferdinand, Auguftin Carrache apres Tintoret, & quelques autres de fon invention. Il y a dans ce volume 219 pieces.

CXXXVI. Plufieurs Maiftres François.

EDME MOREAU.

Il eftoit de Rheims, & nous avons de luy des pieces qu'il a gravées de fon invention, & apres S. Igny, & apres d'autres Maiftres dont il n'a pas marqué le nom.

MELCHIOR TAVERNIER,

De Paris a gravé auffi quelques Portraits & autres pieces de fon invention.

CLAUDE GOYRAND

Gravoit poliment & a fait quelques pieces apres Auguftin Quefnel, Mattheus Zoccolinus Cefenatenfis Clerc Regulier, Philippus Gagliardus, Henry Mauperché,

NICOLAS LOYR,

Peintre confiderable à Paris, a fait des pieces qui ont efté gravées en taille douce par J. Boulanger, Giles Rouffelet, René Lochon, & luy-mefme en a fait en eau forte apres fa propre Peinture.

MICHEL CORNEILLE.

Ce Peintre François a exprimé pareillement quelques-uns de fes deffins à l'eau forte, & Nicolas Poilly, Michel Dorigny, & François Poilly en ont fait apres luy.

ANTOINE CARON,

Peintre François de la Ville de Beauuais, a fait des pieces & quelques Portraits qui ont efté gravez par Thomas de Leu. Il y en a auffi de Peintres, N. Laftman & Antoine Mirou, dont nous avons des Païfages gravez par Matthieu Merian.

JEAN COUVAI.

Celuy-cy de Paris a fait beaucoup de pieces de fon invention, & apres Nicolas Pouffin, Raphaël d'Urbin, Jacques Stella, Aubin Voüet, Jacques Blanchar, Annibal Carrache, François Perier, François Chauveau, Charles le

Brun, Euftache le Sueur, L'homme, Claude Vignon, Simon Voüet, le Guide, le Guerchin, C. de la Foffe, Nicolas Loir, Phil. Lourdet, Jean le Blond, M. Fredeau Van Mol, Laurent Couvai, Gregoire Huret, Abraham Bloëmar, Leonard le Vinci, Simon François. Il y a de luy 170 pieces.

JACQUES & THEODORE VAN MERLEN.
Ils ont fait quelque chofe apres M. de Vos, & Pelerin.

Antoine Garnier 13 pieces apres Jacques Blanchar & autres. En tout 281 pieces.

CXXXVII. CHARLES & HIEROSME DAVID,
De Paris freres, l'un & l'autre Graveurs en taille douce, le premier a fait plufieurs pieces de fon invention, & apres Jacques Blanchar, J. le Blond, Ph. Champagne, Simon Voüet, Van Moll, Pierre Candide, N. Provoft, Gr. Huret le Padoüan, Abraham Bloëmar, H. Goltzius, G. Van Honthorft, Claude Vignon, Theodore Baburen, Raphaël d'Urbin, Francflore, Ant. Tempefte, J. Breugle, Matth. Bril & Paul Bril. Fr. Villamene, Ferdinand.

HIEROSME DAVID
En a fait auffi plufieurs de fon invention, & encore apres P. Damin, Noël Quillerier, Fr. Chauveau, Artemifia Gentilefchi Romaine Peintreffe pour fon Portrait, Albert Durer, Cl. Vignon, J. Royer, Georges de Caftelffanco, Marin de la Vallée Parifien Architecte, Camillo Porcacin, P. du Dat, P. Melin, Louys de S. Malo, Artilier & ingenieur des feux d'artifices, & Nicolas de la Fage, André d'Ancofne, le Guerchin, Ch. le Brun, C. Rainaldo. En tout 225 pieces.

CXXXVIII. SEBASTIEN VOVILLEMONT,
De Bar-fur-Aube, apprenty de Daniel Rabel a fait quelque chofe de fon invention, mais beaucoup davantage apres les deffins de fon Maiftre, & il a fait encore des pieces apres Raphaël d'Urbin, le Guide, François Parmefan, Gregoire Thomaffin, François Albane, Paulus Gifniandus Peruginus, P. Peregin, Jacques Baffan, Domenico Fiazella, Gregoire Graffo, Guidus Ubaldus Abbatinus, Nicolas Pouffin, Daniel du Mouftier, G. Pantau, Jo. Maria Columbus Vibevetus, Domenico Zamper Romanus, Raphaël, Vanius. En tout 126 pieces.

CXXXIX.

CXXXIX.   Divers Maiſtres de France.

ISAYE FOURNIER,

Qui s'appelle ſouvent *de Fornaſeriis*, Peintre du Roy Henry IV. dont il fit le Portrait parmy des Trophées, a mis au jour quelques pieces qu'il grava de ſa main, parmi d'autres qui le furent auſſi par Thomas de Leu.

Elie Dubois fit le Portrait de M.' de Suilli, en 1614.

Jacques Granthome. Nous avons des Portraits de luy des années 1580 1594 & 1601.

François Queſnel, un Portrait de luy de l'année 1610 par J. Fournier.

Michel Faulte.

J. de Courbes.

Bachelier.

Roger de Bourges.

Giulli Horbeck en 1584.

Alexandre Vallée pour Abraham Faber en 1610.

Michel Pelais.

A. Jacquart.

Michée Lourdel.

Robert le Roy Graveur.

Matthieu Merian.

Herbin Pict. Denizot Graveur.

N. Vienot, apres S. Vovet.

François Dellarame 1615.

J. Frone, apres M. Moncornet.

J. Dieu Peintre.

J. Valdor Peintre.

Bouri, par J. Froſne.

Van mol par Couvai.

L. Coguin, apres L. Bonnemere.

François de la Rouſſiere.

Frere. P. Jean François Cordelier, par J. Boulanger.

Frere P. Georges P. Cordelier, par N. Poilly.

Loüys Hans par Gilles Rouſſelet.

Lens Peintre, N. Poilly.

Jean Patiqui apres Jean Noeret, François Poilly, H. Gaſcar, Annibal Carrache.

Le Bon Peintre, Jean Lamiel. Velut. N. Bellot, Guignard Blondeau, Gilbert Seve, Gribelin, Streſor, Bercher, C. le Fevre. Pelerin. Le Blond. Alfonse Fraxinet. N. Perey Lullié.

P. Lombard apres Gr. Huret, Annibal Carrache, le guide.

Loüis Spirinx. P. & J. Richer.

Michel Van Lochon, apres P. de Mol, C. Berchet.

Matthieu, & Jeanne Matthieu.

J. Briot, & Marie Briot, apres Raphaël.

Pettus Van Liern. Pierre Scaberge. J. Alix.

Z. Heincs, François Bignon, Van Mol & Pierre Firens, apres Crisp. de Passe. Tout ce livre contient 250.

CXL. DIVERS MAISTRES DE FRANCE.

J. Rabasse. J. de l'Astre. J. Poinsart. G. du Vivier. Antoine Van Hurel. Anne Moncornet. Des Perches. J. Crespin. Mené. Jean Mabeuse. J. Grosier. G. Ladame. Deshayes.

Gasparis de Crayer Peintre.

F. de la Mare, en 1650.

Loüys de Bolongne Peintre, pour quelques pieces de luy en eau forte.

Z. Bologna Peintre d'Italie, en 1574.

Antoine Nicolas à Dijon.

Claude Dervet. Boulenois.

Remy VVibert, il a fait quelques pieces apres Raphaël, & d'autres de son invention.

Claude Isaac apres J. Rodolphe 1.

J. l'Enfant apres Frere Luc. 1.

Eli du Bois, & Charles Melin de Loraine. 1.

K. A. 4. Catreux Peintre. N. de Son. De Bray. B. Kilian.

Egbert Van Panderen, apres Abraham Janssens, & Corneille de Vos Peintre.

Jean Sauvé a fait 4 pieces apres Annibal Carrache, & une apres le guide.

N. Bonnat a fait quelques pieces de son invention.

Robert Boissard.

Nicolas Auroux de Lion, apres J. Madin.

P. Peret apres J. VVthouck, & H Speckat en 1582. 6 pieces, en tout dans ce Volume 140 pieces fort peu considerables.

CXLI. PIERRE BREBIETTE,

Peintre du Roy, Dessinateur & Graveur à l'eau forte, estoit de Mante sur Seine, & avoit beaucoup d'invention, il a neantmoins gravé quelques pieces apres Paul Veronese,

François Quesnel, Georges l'Aleman, André Delsarte, Cl. Vignon.

Et apres luy ont gravé CorneilleBloëmar, Charles David, Theod. Mathan, J. Picart, Hierosme David. Il y a 241 pieces.

NICOLAS COCHIN,

Peintre, Dessinateur, & Graveur à l'eau forte, de la Ville de Troye en Champagne, a fait plusieurs pieces de son invention, & quelques unes apres les dessins de Fr. Chauveau, d'Albert Durer, de Rimbrant, de Jacques Calot, de Henry Peyne, & de Pierre de Cussi. J. Blanchin pour l'ecriture. Il y a icy de ce Maistre 506 pieces. En tout dans ce Volume 747 pieces.

CXLII. JEAN FROSNE.

Ce Graveur a fait quelques pieces de son invention, & en a gravé le plus grand nombre apres P. Vary, Boury, M. Moncornet, Françoisdu Chesne, Ferdinand, le Bon, G. Seve, Hans, & autres qu'il ne nomme point, & ce sont presque tous Portraits. Il y en a icy 43. pieces.

PIERRE LANDRY.

Celuy-cy en a gravé plusieurs de son invention, & apres Claudine Stella, S. Gribelin, Ph. Champagne, Jean Lamiel, Claude le Febvre. Il y a 52 pieces, & dans tout le Volume 95 pieces.

CXLIII. DIVERS MAISTRES DE FRANCE.

JEAN & JACQUES PICARD.

Ont gravé force choses qui ne sont pas les plus heureuses du monde, non plus que beaucoup d'autres contenuës dans ce Volume au nombre de 73 à cause des Portraits, quelques mauvais qu'ils soient.

JEAN PICQUET.

Il y a 13 pieces de celuy-cy.

Paul Roussel, pour 44 méchants Portraits.

Jollain, pour 27 Portraits apres C. Barry, G. Balduin, de Nisse H. Tettelin, Salé, Francisco Naralio à Madrit.

Il y en a aussi de Tournier en tout 168 pieces.

XLIV. DIVERS MAISTRES DE FRANCE.

JASPAR ISAC.

Ce que celuy-cy a laissé de meilleur apres luy est son fils Claude Isac, qui est de la profession de son pere, mais qui s'en acquite plus heureusement qu'il ne faisoit, je n'ay pas laissé de recueillir de son œuvre 37 pieces qu'il a faites de son invention , & apres d'autres Maiſtres qu'il ne nomme point.

JACQUES HUMBELOT.

Celuy-cy a voulu faire quelques Portraits & autres pieces apres Mignar, Laurent la Hire, Champagne du Cheſne, Frere P. Georges Perrotheau Cordelier, S. Gribelin , & beaucoup d'autres qu'il ne nomme point.

Il y a une piece de Didier Humbelot.

JEAN GANIERE. Il y en a 27

De ce Maiſtre dans ce Volume , leſquelles il a copiées. Toutes les pieces de ce Vol. 122.

CXLV. DIVERS MAISTRES DE FRANCE.

FRANÇOIS LANGOT,

De Melun a copié de Jacques Jordaens, de Corn. Bloëmar , de Gr. Huret, de Rubens, de Melan , & autres. Il y en a icy 16 pieces.

RENE LOCHON

En a gravé 51 apres Chauveau , le Guide, Seve , N. Bellot, Nic. Loir , Blondeau , Champagne , Berchet, Juſte, N. Mignar, Vaillant, il en a copié quelques autres, & en a deſſiné beaucoup.

CAMPION pour 7 pieces de ſa façon.

J. GRIGNON.

Il y en a 13 de celuy-cy apres F. Chauveau , J. Donkervvoldo.

2 apres Annibal Carrache.

1 Apres Nic. le Pouſſin.

FR. COLLIGNON.

Il y en a 49 de celuy-cy apres Eſtienne Labelle , le Chevalier Rainaldo , Paulus Naldinus , Romanus , du Valeſio , & d'autres de ſon invention.

C. CHAMPIGNON.

Il y en a 17 de celuy-cy apres le Guide , la Hire Blanchar , & d'autres de ſon deſſin.

FRANÇOIS BIGNON

A fait les Portraits des Plenipotentiaires de Munſter , au nombre de 33.

P. HOLSTEIN.

A fait auſſi les meſmes Portraits au nombre de 26.

HENRY HONDIUS.

Y a fait pareillement ceux de la paix de Vervin en 1608.

au nombre de 37. Tout cela ensemble 259 pieces.

CXLVI. JEAN MAROT,

Architecte, Deſſinateur & Graveur en taille douce, a fait une œuvre conſiderable de pieces d'Architecture, tant de ſes deſſins, que des deſſins de Mr le Mercier, de Fran-çois Manſar, de Metezeau, de Mr le Vau, le Sr de la Vallée Architecte & Intendant des Baſtiments de la Reyne de Sue-de, de l'Abbé de S. Martin, Mr Gamard, le P. Deyant Je-ſuite, le Pautre, Goran Graveur d'Architecture, J. Bruant.

Un deſſin du Brammaute.

FRANÇOIS MANSART.

Deux pieces d'Architecture.

P. COTTAERT

Architecte, le Mercier, la Broſſe.

ANTOINE PIERRETS

Architecte, le Mercier, Cottart.

PIERRE COLLOT. Architecte.

En 1633. En tout 393 figures.

CXLVII. & CXLVIII.

LES PORTRAITS DE BALTAZAR MONCORNET.

En deux volumes, 1391. pieces.

CXLIX. IMAGES DE VIERGES

De divers Maiſtres triées entre les doubles tant des pie-ces d'Italie que de France & d'Allemagne, en tout 295 pieces.

CL. IMAGES DE SAINTS

De divers Maiſtres de France, d'Italie & d'Allemagne, en tout 571 pieces.

CLI. IMAGES DE VIERGES,

Et de Saints de divers Maiſtres, où il y en a quelques unes de ſingulieres, en tout 106 pieces.

CLII. BACCHANALES ET PIECES

Diverſes de ce genre là de divers Maiſtres, au nombre de 285.

CLIII. SAINTS DU MARTYROLOGE.

De Jacques Calot, & autres.

CLIV. PIECES DE LA BIBLE,

De Matthieu Merian, de Pierre Vander Burgius, & de Ni-colas Jean Piſcator en 1639. de Vredeman de Uries, de Theodore Galle, de Robert Peacke Anglois, de Raphaël de Mæy , Hierofme VVirix , P. Mander , Cl. Vignon , En tout 488 pieces.

CLV. APOSTRES DE DIVERS MAISTRES,

De Domenico Falcini , avec leur vie tout au tour , d'Adrian Collart, apres Martin de Vos, de Christophoro Blanco , de Jaspar Ifac en copie , de J. Frofne , de Fr. l'Anglois dit Ciartres , de Jean Ditmer , apres Martin de Vos , d'un autre fans nom , de Pierre Ifelburg apres P. Paul Rubens, de Lucas Ciamberlanus apres Raphaël , de Jacques Stella en clair obfcur de Cl. Vignon , d'Ant. VVirix apres Martin de Vos , de P. Mandere apres P. de Vos, d'Adrian Collart, de Fr. Vanius , de Ch. le Brun , & autres. En tout 265 pieces.

CLVI. LES PORTRAITS

Des homes illuftres François qui font dans la gallerie du Palais Cardinal de Richelieu , deffignez & gravez par les fieur Heins & Bignon Peintres & Graveurs ordinaires du Roy, ouvrage conduit & compofé par Marc de Vulfon fieur de la Colombiere en 1650, Il y a 28 Portraits.

CLVII. LIVRE DE PORTRAITS

Des Princes de la Maifon d'Auftriche , peints par François Terzo de Bergame , & gravez par Gafpar ab Avibus Citadelenfis , à Venife. Il y a 66 pieces.

CLVIII. MILICE ET COMBATS

De divers Maiftres , de Jacques de Gein , de Jean de S. Mefmin , Efcuyer Sr du Mefnil chez Melchior Tavernier, touchant les maladies & la guarifon des chevaux.

Bonaventura Piftofilo Nobile Ferrarefe Dottor di leggi in Bologna per il ferrone en 1627.

Theodoro Philippo di liagno Napolitano.

Le maniement d'armes de Naffau , felon les ordres du Prince Maurice, par Adam Van Breen , à la Haye , en 1618 en 48 pieces.

Autre livre fur le mefme fujet , gravé & deffigné par Jacques de Ghein 68, Simon Saveri 10 pieces de foldatefque.

Abraham Bofle a fait 9 pieces des veftemens & poftures des Gardes Françoifes.

Quatre livres d'Efcrime , par Hercole Gori in Siena , & Jacques Mathan , & autres , en 150 pieces. En tout 533 pieces.

CLIX. PIECES MARITIMES.

Un livre de 12 pieces intitulé, *Icones variarum Navium Hollandicarum à Ioanne Percelles notata anno* 1617. à Amstredam chez Nicolas Jean Visscher, & autres pieces de Michel Szon Peintre, & Pierre Vander Doort Graveur, H. Houdius VV. Van Velde, Ph. Thomassin, R D. Boudous, le Breugle en 1565, Corneille de VVaël en 1547, Catarin Doino, B F Berckens, Spirinx, suivant la pensée de Claude Bartholeme, Morisot de Dijon en 1643. S. Sauri, Jean Bapt. de Cavalleriis, Jean Rem, à Amstredam, chez Guill. Jansson, Cornelij Danckers, Jean Boisseau, Giacomo Franco in frecaria, Henry VVoon, & Nicolas Jean Visscher, Mattheo Perez d'Aleccio Dessinateur, & Antonio Francesco Lucini Fiorentino Graveur en 1631. En tout 120 pieces.

CLX. & CLXI. DEUX LIVRES

De Courtisanes & de pieces Emblematiques sous des figures de femmes, de divers Maistres. En tout 354 pieces.

CLXII. UN RECUEIL DE MADONES,

Ou d'Images miraculeuses de la Vierge de divers Maistres de France, d'Espagne, d'Italie, & des Pays-Bas. En tout 344 pieces curieuses.

CLXIII. IMAGES DES MOINES,

Et des Religieux de l'ordre de S. Benoist de divers Maistres de France, d'Italie, d'Allemagne, & des Païs-Bas. En tout 543 pieces.

CLXIV. LES AUGUSTINS, PREMONTREZ, MATURINS, JESUITES, CLERCS REGULIERS, ET L'ORATOIRE,

De divers Maistres, 597 pieces.

CLXV. LES PERES DOMINICAINS, CARMES ET MINIMES

De divers Maistres, 488 pieces.

CLXVI. L'ORDRE DE SAINT FRANÇOIS,

De divers Maistres, 430 pieces.

CLXVII. CLXVIII. & CLXIX, EMBLEMES, DEVISES ET FIGURES ENIGMATIQUES ET PROPHETIQUES

De divers Maistres distribuées en trois Tomes, de Jacques Calot, da Lovico Dolce, par Francesco Zilen, à Venise en 1583. Un livre intitulé, *Fabula centum ex antiquis autoribus delecta, & à Gabriele Faerno Cremonensi carminibus expli-*

cata. Roma Vincentius Luchinus excudebat Autre livre d'Emblefmes, intitulé, *Microcofmos, parvulus mundus*, imprimé à Anvers chez Gerard Jodo en 1584. Un autre livre intitulé, *De rerum ufu & abufu*, de 25 pieces. Un autre livre intitulé, *Theatrum virtutum D. Stanislai Hofij Card. & Ep. Varmienfis per Thomam Trethreum Polonum Regium, & ejufdem Card. Secretarium. Romæ, an.* 1588. de 49 pieces. Un petit livre d'Emblefmes en Anglois, par Jeremie Droxelius, de 12 pieces. Autre livre intitulé, *Imagines Matis*, avec des Epigrammes Latines, à Lyon en 1545.

Autre livre intitulé, *Iani Iacobi Boiffardi Vefuntini Emblematum liber*, imprimé à Mets chez Abraham Faber, en 1588. de 86 pieces.

Autre livre d'emblefmes enrichies de vers latins, & qui commence *una Via*, eft de 45 figures.

Autre petit livre de 84 devifes en Latin avec des figures. Diverfes pieces Emblematiques de Virg. Solis, de Maiftre Eftienne de Lofne, de VVenceflas Hollar, & autres qui ne marquent point leur nom, contenus dans le 1 Volume de 1050 figures, & autres. En tout 2126 pieces.

CLXX. COMEDIES, MASCARADES ET BALETS De divers Maiftres, Lodovico Sciupini de Mantouë 1649. Orazio Sccarabelli Fiorentino, Epifanio d'Alfiano Monacho Valombrofano 1592. Anibal Carrache, Vitale Mafcardi, Remigio Canta Gallina, Giulio Parigi Inventeur 1608. Alfonfius Parigius, 1628. Stephanus de la Bella, Jacques Calot, Giovenale Boetto di Foffano, aprés les deffins de l'Abbé Scoto, Daniel Rabel, Maiftre Roux, Aug. Carrache, Lucas Ciamberlanus Urbinas J-V. Doctor, aprés Nicol. Terniolo Pict. Horatio Turiani Architetto, Hier. Cock, Florent Defpefches, Maria Strick pour l'ecriture, Fr. Janet, Jer. Falck, Guill. de Geijn, Gilles Rouffelet aprés Gr. Huret, J. Couvai, Ifraël Silveftre aprés Jacques Torelli, F. Froncar, Pierre de Jode aprés Louys Pozzorat Flamen, Paolo Gratiani, Lucas Cranes, Andrea Salmintio, aprés Andrea Sghizzi 1632. Nic. Van Aelft de Bruxelles, le Sr de Lefpinaffe Parifien Ingenieur, Matthia Bolognini, Claude le Lorrain, Matthieu Merian de Bafle, Gio Batt Galeftruzzi Fiorentino, aprés Gio Francefco Grimaldi Bologuefe, Ab. Boffe. Il y a 404 pieces.

CLXXI.

CLXXI. PAÏSAGES

De divers Maiſtres, de Titien, Ercole Bazacalune di Piſa, Chriſtofano Ceſare Antoni, D. Van Boens, Gioto Lupreſſi palermitano Romæ, Cornelius Nicolaus à VVierengen, & Nicolaus Joannes Piſcator à Amſtredam 1613, Matt. Merian à Baſle, Paul Bril, Henry Hondius apres Giles de Saen, Hans Bol, J. Van Velde, G. Nieulant, Jean Van Velde le jeune, & Nicolas Jean Viſcher 1615. Simon Friſius, Egbert Van Panderen, apres Tobie Verhaecht, Heſſel G. Henri de Stom 1622. Iſaac Major, Poelemborcht, Nicolas de Son, Fouceel Peintre, Ant. Mirou Peintre, Michel Corneille, Hier. Cock, J. Valdor, apres Herman, Petrus Vander Borht, Viſcher apres Joſſe de Mauper, Theod. Galle, Gaſparo Duché, Stephano la Bella. Il y a 425 pieces.

CLXXII. JARDINAGES ET FONTAINES

De divers Maiſtres, de Jacques Boiſſeau Sr de la Barauderie par Michel Van Lochon, Joannes Guera Pictor, Corn. Cort apres Franc Flore, François Primaticio Abbé de S. Martin, Daniel Rabel, Iſaac de Caus, Jean Vredman de Friſe 1615. Jacques Mathan apres Sebaſtien Vranck, Jaſpar Iſac, Jacques, Noël, Claude & André Mollet, pour les parterres en broderie, Franciſcus Corduba Romæ, Math. Greuter, Nicolas Van Aelſt Bruxellenſis à Rome, Salomon de Caus Architecte à Francfort en 1620. Mario Karra 10 in Roma 1575. Michel l'Aſne apres Alexandre Francine, Jacques Calot, Juſte Sadeler, C. Van Mander, Hans Fridman Vries, Theodore Galle, Adrian de Vries de la Haye Architecte & Sculpteur, Jean d'Ach Peintre de l'Emp. Lucas Kilian apres François Aſpruck de Bruxelles 1598. P. Perret, G. Bauſſonnet Deſſinateur, Edme Moreau, J. Stradan, Cl. Goyrand, François Corduba, Franceſco Fanelli Fiorentino Scultore du Roy de la Grand'Bretagne, Domenico Paraſacchi in Roma 1637, Giovanni Maggi Romano Pittore & Architecto in Roma 1618, J. de Francine, Abraham Boſſe, Jacques Androvet du Cerceau, L. Gautier, Aug. Carrache, Criſpin de Paſſe, Joannes Bologna Statuaire, Thomas Lauretus Panormitanus Architecte en 1570. Mauperché pour Liancour. Il y a 412 pieces.

CLXXIII. LIVRE DE VASES,

De divers Maiſtres, Horatius Scoppa Neapolitanus,

M

1612. Jean Valdor , Marc Antoine, Cherubin Albert apres
Polidore , Maiftre Roux Florentin , J. Hopfer, Jacques
Androvet du Cerfeau , Eftienne la Belle , Hierofme Cock
apres Corneille Flore, Æneas Vicus en 1543. J. Damerij,
Phil. Galle apres Vriefe , B. Z. c'eft Bernard Zon en 1581.
J. Marot, J. Holbeins, VV. Hollar , Henry Vauder Borcht
apres Jules Romain , Viffcher , P. Biard , Broër Janfen
Hage , Claes Janffen Viffcher 1635. H. Hondius , J. Royer,
J. Calmeftraat, Luge , Pierre Cottart , D. Hopfer , Vir-
gilius Solis , P. Perret 1581. Il y a 442 pieces.
   CLXXIV. CLXXV. & CLXXVI. Trois Volumes
De fleurs de divers Maiftres.
   Un livre intitulé *Theatrum florale* , à Paris chez P. Fi-
rens en 1633. contenant 71 pieces.
   Un autre livre de fleurs de 40 pieces.
   Un autre livre de fleurs de 16 pieces.
   Un autre livre de fleurs de 10 pieces gr. par l'Anglois.
   4 pieces du livre intulé, *Ædes Barberina*.
   7 pots de fleurs chez J. le Clerc 1615.
   Un petit livre de fleurs de 24 pieces , de Pierre Valletius en
1601
   Autre petit livre de 12 pieces.
   Un livre de fleurs d'Italie de 16 pieces.
   Un livre de fleurs de 95 pieces , intitulé , Le Jardin du
Roy Louys XIII. par Pierre Vallet , Brodeur ordinaire du
Roy en 1623 , avec les Portraits de Piere Vallet , & de Jean
Robin grand Florifte.
   Autre livre de 6 pieces.
   Autre livre de 16 pieces par J. H. 1653.
   Autre petit livre de fleurs de 12 pieces par Nicolas Guil-
laume de la Fleur Lorrain , fait à Rome en 1639.
   Un livre de fleurs de 144 pieces intitulé , *Florilegium reno-
vatum & auctum. Mattheus Merian ad vivum delineavit
& fculpfit* à Francfort en 1643.
   Autre livre de fleurs de 52 pieces , *Studio Georgÿ Ofnagelÿ,*
à Francfort, Jacques fon fils aagé de 17 ans l'a gravé en 1592
à Francfort.
   Autre livre de parterres de 22 pieces intitulé, *Le fidele Iar-
dinier* , par Mre Pierre Betin Jardinier , chez Jean Boiffeau
   Donato Supriano , Roma. Un livre de fleurs de 13 pieces
par Nicolas Quillaume de la Fleur Lorrain en 1638.

Autre livre de fleurs de 16 pieces, intitulé, *Viridarium novum varijs animalculis, floribus & herbis adornatum*, Paulus Furst 1618. à Nuremberg.

Autre livre de 16 pieces sans nom de Maistre.

Autre livre de fleurs de 26 pieces gravé à Rome par Nicolas Robert François, en 1640.

Autre livre de fleurs par l'Anglois Maistre Enlumineur, la 1 page de Leonard Gautier, en 1620 ce livre de 19 pieces.

Autre livre de 17 pieces.

Pieces de Geducht d'Amstredam, Jacques Kempener, & autres. En tous les 3 Volumes 740 pieces.

CLXXVII. LA TOPOGRAPHIE

Du païs de Hesse, & des lieux voisins, en 124 pieces, du dessin & de la gravure de Matthieu Merian.

Une carte & une description de la Ville de Verone, faite par Frambottus, apres Jean Carotus Peintre de Verone, & Architecte, dont se voit le Portrait, François Huret, Gio Georgi. Il y a 30 pieces.

La description des jardins & de la Maison Aldobrandrine à Tusculi, & autres pieces de Dominique Barriere de Marseille jusques au nombre de 48.

Description des Regions Septentrionales de Suede & de la Moscovie par Antoine Gaut de la Haye en 1639. Il y a 24 pieces, en tout 226 pieces.

CLXXVIII. ISRAEL SYLVESTRE.

L'œuvre de ce Maistre consiste en trois Volumes, & celuy-cy contient 355 pieces, qu'il a dessinées & gravées à l'eau forte. Voyez les cottes CCCCXXVIII. & CCCCXXIX.

CLXXIX GABRIEL PERELLE.

L'œuvre de ce Maistre, & de ses enfants Nicolas &... Perelle est aussi distribuée en trois Volumes. Celuy-cy contient 270 pieces qu'il a gravées de son invention, & apres les dessins de Polembourg, de Mich. Corneille, Paul Bril, Louys Asselin, J. Fouquiere, Patel, & Collignon. Voyez les cottes 417. & 418. lesquelles sont du mesme.

CLXXX UN LIVRE DE CARTES

De la Palestine & de la Terre sainte, du Mont de Sinai, de Jerusalem, du Temple de Salomon, de Constantinople, de Tempé, de Daphné, de Rome Antique, de Naples, &

autres Villes, de Jean Bapt. Fontane en 1569. du Sr du Perac, d'Abraham Ortelius, d'Antonius Campus, de Pierre Miette, de Sebaſtianus à Regibus Clodienſis apres Pierre Alexandre, de Paolo Gratiani, de Rombout, d'Ambroiſe Braen, d'Achile Soli, de P. Daret, d'E. Moreau, de Theod, Mathan, de Juan Geolkerkch, de Guill. Hondius, de Baptiſte de Doetechün, apres Guill. Bernard, & d'autres qui ſe ſont debitées à Rome, à Anvers, à Amſtredam & à Paris. Il y a 44 pieces.

CLXXXI. CARTES DE VILLES,
De divers Maiſtres, Alexander Baratus, J. Blanchin, Branco, chez Baptiſte Roſſi à Rome, Marco Sadeler, & d'autres qui ne ſont point nommez. Il y a 221 pieces.

CLXXXII. CARTES DE VILLES,
Et de païs de divers Maiſtres, de Cornelio Danckers à Amſtredam, de Nicolas Sanſon, d'Henry Hondius, Everard Symon, Hamerſvelt, du Val, Jean Sanſon, Jean Boiſſeau, Melchior Tavernier, Gaſpard Baudouyn, Guill. Blaeuvv, Everard Cloppenburgius à Amſtredam, Nicolas Jean Viſſcher, Iſaac Maſſa, Claes Janſen Viſſcher 1530 Abraham Groos, Guill. Hondius aptes Guill. le Vaſſeur, J. Poinſart. Il y a en tout 55 pieces.

CLXXXIII. LES CARTES
De Gerard Mercator Coſmoraphe du Duc de Cleves & de Juliers. Il y a 53 pieces.

CLXXXIV. CARTES DE
Nicolas Sanſon de l'Empire Romain, & des Iſles Britanniques, de la France, de l'Eſpagne, de l'Italie & de l'Alemagne, par Provinces & par Gouvernements, avec l'ancien Itineraire, à Paris chez Pierre Mariette en 1643.

CLXXXV. LA COLOMNE TRAIANE.
C'eſt un livre intitulé, *Hiſtoria utriuſque belli Dacia à Trajano Cæſare geſti ex ſimulachris quæ in Columna ejuſdem Romæ viſuntur collecta, Auctore Fratre Alfonſo Ciacono Hiſpano Theologo inſtituti Prædicatorum, & Romani Pontificis Pœnitentiario. Romæ ex Tipographia Iacobi Maſcardi, 1616.*
Il y a dans ce livre, avec l'addition, 166 pieces.

CLXXXVI. PORTRAITS
De Papes & autres Princes d'Italie, & d'ailleurs, de divers Maiſtres, par Philippe Thomaſſin, là ſont auſſi les Roys de Pologne, les Ducs de Savoye, les Ducs de Man-

touë, de Venife, les Roys d'Auftrafic, & les Ducs de Lorraine, *per Nicolaum Trelaum Mozellanum*, à Cologne en 1591. Les Princes de Naffau, les Grands Maiftres de Malte, & encore les Papes dans une grande carte en taille de bois, le tout enfemble faifant plus de 150 pieces.

CLXXXVII. PORTRAITS

Des Roys de France, de divers Maiftres, où entr'autres il y a un livre intitulé, *Cronica Breve de i falti illuftri de Re di Francia con le loro effigie dal naturale*, depuis Pharamond jufques à Henry III. par Bernardo Giunti à Venife en 1590. Ce livre eft dedié au Seig.r André Hurault Seig.r de Maiffe, Ambaffadeur pour le Roy tres-Chreftien à Venife.

Le livre des Portraits des Roys, des Reynes, & de Dauphins, par Jacques de Bie.

Autres Portraits de Daret, les Comtes de Hollande & de Zelande, par Michel Vofmer en 1578. Les Ducs de Brabant, par Jean Collart, apres Otho Venius.

Les Comtes de Tirol, par Dominique Cuftos, autres Ducs de Brabant, par Nicolas Jean Viffcher à Amftredam, les Comtes de Tolofe, par Huguet & M. l'Afne. Tout cela enfemble 368 pieces.

CLXXXVIII. PORTRAITS

Des Roys & Reynes de France avec leurs Eloges, des Ducs de Bourbon tirez de l'Hiftoire du S.r Bernard, des Hommes Illuftres de France, des Chanceliers, des Jurifconfultes, des Poëtes Latins, & d'autres favants. Il y a 104 pieces.

CLXXXIX. PORTRAITS.

Des Roys & des Reynes d'Efpagne avec leurs Eloges, les Roys & les Reynes de Portugal, ceux de Naples, d'Angleterre & d'Efcoffe, & les Comtes de Flandres, les Roys de la Grand'Bretagne, font faits par Joan Taylor à Londes en 1622. Il n'y a e tout que 50 pieces.

CLXC. DIVERS PORTRAITS

De France deffinez & gravez par Cl. Melan, P. Daret, M. l'Afne, N. Poilly, Jufte, le Febvre, Pitau, Rouffelet, Nanteüil, l'Enfant, Lochon, Huret, & autres. Il y a en tout 180 pieces.

CXCI. PORTRAITS DE SÇAVANTS

Et de Peintres, de divers Maiftres, 325 pieces.

CXCII. PORTRAITS DIVERS

De Papes, Princes, & personnages illuſtres. Un livre intitulé, *Vite & effigie di tuti li Romani Pontefici, con le lora armi, à Chriſto ad Vrbanum VIII. racolte da domenico Tempeſta Romano*, en 1624.

Autre livre intitulé, *Illuſtriſſimorum virorum Icones, per Claudium Pernetum*, en 1625.

Autres Portraits de divers Maiſtres, C. Viſchem, M. Mirevelt, de Hondius, de J. Boiſſard, A. Bolpruert, G. Svvaneburg. Il y a 700 pieces.

CXCIII. & CXCIV. MASSACRES De divers Maiſtres

Ziancko Polonois, Joſeph Felman, Adolfe Roy de Danzich, Salomon Saverii, Frans Huiis, Franceſco Valetto, Baſſiano, Theodore de Bry, N. de Viſſcher, Criſpin de Paſſe, & autres qui ne ſont point nommez dans les Eſtampes. Il y en a 219 pieces.

CXCV. JEAN LE PAUTRE,

L'œuvre de ce Maiſtre tres-ingenieux, qui eſt de Paris, conſiſte en 3 volumes, dans le premier deſquels, qui eſt celuy-cy, il y a 234 pieces preſque toutes de ſon invention, & quelques-unes apres le Guide, François Bourlier, & François Perrier. Il y a dans ce 1 volume 234 pieces.

CXCVI. UN LIVRE DE PORTRAITURE,

d'Habits, de Nations, & d'Anatomie, de divers Maiſtres, & premierement un livre intitulé, *Diverſarum gentium armatura Equeſtris, ubi fere Europæ, Aſiæ, atque Africæ equitandi ratio propria expreſſa eſt*, à Amſtredam, chez Nicolas Jean Viſcher, contenant 77 pieces.

Une piece de Corn Cort, apres Jean Stradan.

Un livre intitulé, *Academie de Portraiture*, &c. en 1643 chez Michel Van Lochon, de 25 pieces.

Un livre intitulé, *Diverſitez d'habillemens à la mode*, &c. de l'invention de S. Igni, & gravé par Briot de 15 pieces.

Livre de Portraiture de Jacques Palme, imprimé à Veniſe, chez Marc Sadeler en 1636. de 16 pieces.

Autre livre de meſme de 13 pieces.

Autre livre de Portraiture de Jean Gelée, chez Viſcher, de 24 pieces.

Autre livre de Portraiture de Jean Orlande Romain, en 1609. de 47 pieces.

Autre livre de Portraiture de Jean Valeſio, per Andrea

Vacario Romano, de 24 pieces.

Autre livre de Portraiture de Francesco Curti en 1633. de 16 pieces.

Autre livre de Staphanoni, ou de Carrache.

Lucas de Urbino, M. Snyders.

Autre livre de Henry Hondius. Autre de Frisius.

Petrus Cool, Jean VVirex 1622. Jacques Calot, Guill. Baur.

Livre de Portraiture de Jean François Barberius, c'est à dire, le Guerchin, Hans Heinrich Glaser pour un livre d'habits de Suisses en 1634. Kiltestiyn, pour habits des Nations en 12 pieces.

Livre de Portraiture gravé par Charles David, pour P. Firens.

Un livre de 40 pieces intitulé, *Varie acconciature di Teste usate da Nobilissime dame in diverse Cittadi d'Italia, por Giovan Guerra.*

Autres livres de Portraiture de S. Igny,

Abraham Bosse, François Collignon.

Livre de Portraiture de L. Ferdinand apres François Bologne. Autre livre de Portraiture de Maistre Jean Cousin, chez Guill. le Bé, en 1642.

Livre d'habits des Notions gravé par Abraham Bruyn en 1577.

G. Van Sceindel apres VV Buytvvech.

Diana Mantua a fait un grand livre d'habits de Nations.

Autre de Ferdinand Bertelli, à Venise en 1563.

Livre d'Anatomie de Jacob Vander Graclt Schilder, 1634.

Estienne Michel Spacher de Tirol, pour son anatomie gravée par Corn Danckers à Amstredam, 1634.

Domenico Florentino, Phil. Galle, Julles Bonasone, Jacques Honnervogt.

Gio Batt. Ferraro.

Gio Batt. de Cavelserijs, pour un livre de Monstres. Il y a en tout 1397 pieces.

CXCVII. UN LIVRE INTITULLE',

Faceties, c'est à dire, de choses bouffonnes & grotesques, est composé de plusieurs pieces de divers Maistres de tous les païs, 1034 pieces.

CXCVIII. LIVRE D'ANIMAUX

De divers Maistres, Lucas Cranis, Jacques Honnervogt

Antoine Tempefte, Petrus di Laër en 1636. J. Beërighen, Jacomo Marucci, Marc Gérart de Bruges, Mathan, Eneas Vicus, Albert Durer, *S. Savery*, P. Firens, Theodore & Jean Ifraël de Bry, Eftienne de la Belle, Jean Stradan, I. *C Vifcher*, *Raphaël d'Vrbin*, l'Anglois, Adrian Collart, Thomas Neale, apres Barlouvé, Albert Flamen, B. *Caimox*. Henry le Roy, François Villamene, Joannes Majus, Jacobus Mercucius, Gio Pietro Olina Novarefe, Nicolas Jean Vifcher 1634. Nicolas D. Bruyn, Joannes Defris, Jacquesde Ghein apres Guill. Telroth, Gabriel VVeyer, Charles Mallery, Henry Hondius, Philippe Galle, Hans Liefrinck, Jacques Callot, Il y a 1084 pieces.

CXCIX. FIGURES DE LA BIBLE

De divers Maiftres, Dominico Falcini, Nicolaus de Hocij, Abraham Boffe, Cornelius Cornelis de Harlen, Nicolas Jean Pifcator en 1643. *Vifcher*, Martin de Vos, Jean Sadeler, Ant. Tempefte, Crifpin, Michel Cock, Martin Hemskerch, Corn. Cort, Nicolas Cochin, P. de Jode, Crifpin Van Broëc, P. Firens, Giles Rouffelet apres Cl. Vignon, Karle Mandre, Hierofme VVirix, C. Vanden Broëck, J. Blanchin, J. Saenredan, Herman Muller, C. David apres Tempefte, Eftienne la Belle, C. Kyckmans, Ant. VVirix, Adrian de Verdt, D. Van Boons, Adrian Collaërt, J. Van Velde, apres VVrembroeck, B. Dolendo, Crifpin de Paffe apres Jean d'Achen, Raphaël Sadeler, apres J. Baffan, Hans Bol, Ant. VVierinck, Jean Breugle, Paul Bril, Ghedruckt d'Amftredam, Claës J. Viffcher, Ambroife Franc, Adam Van Oort, Jules Goltzius, Cp. Guereverdinus, Jacques Palmes, Lucas Kifian, Jofeph Heintz, P. Scalberge, J. Belange, J. de Leftain, *Charles Collart*, P. Paul Rubens, & autres. Il y a 628 pieces.

CC. LIVRE DE FORTIFICATIONS.

De fieges, de places, & autres entreprifes de guerre de divers Maiftres, Jean Van Velde apres M. de Jonge, 1632 Sebaftien Vranck, Hans Van Schille Ingenieur & Geographe du Roy, à Anvers, chez Theodore Galle. Jean Scala Mathematicien, à Rome en 1642. *François l'Anglois dit Ceartves*, à Paris, Girolamo Portigiani Florentino, Auguftinus Parifinus, & Jo. Bapt. Negro Pontes Bononiæ, le S. B. Ingenieur ordinaire du Roy, à Paris chez Melchior Tavernier en 1639. Matthieu Merian, N. Regneffon, Sebaftien

ftien Vranck, Melchior Tavernier, *C. I. Viſſcher*, 1627.
Le Sr de Langres Ingenieur des Armes du Roy, chez M. Van
Lochon, Claude Chaſtillon Topographe du Roy en 1600
Henry Grotius, H. Hondius, Nicolas Jean Piſcator, Ba-
ptiſta Doëtechomius Sculptor, Florentius Baltaſar Del-
phenſis, N. Renaut Sedanois Mathematicien, VV. Hollar
Renaud, Lambartus Cornelius, Phil. Galle : Buſcher
Adrian Huberti, Karles Geller 1602. *Gio Dominico de Roſſi*,
1648. Charles Floyd Anglois, Jean Liefrinck 1556. Il y a
343 pieces.

    CCI. UN LIVRE INTITULÉ
Arts Liberaux & Mecaniques, contenant diverſes Tables,
figures de Geometrie, de Matematique, & autres ſciences,
de divers Maiſtres, Dom Jean Giſlain de la Ruë Benedi-
ctin & Profeſſeur en Philoſophie au College de S. Vaaſt
à Douai, pour le Kalendrier Eccleſiaſtique perpetuel, chez
Pierre Ruchelle, à Anvers en 1646. Corn. Cort apres Jean
Stradan pour l'Academie de la Portraiture, Chriſtofle de
Savigny en Retelois, pour les Tableaux de tous les Arts
liberaux en 1619. en taille de bois : Chriſtoforus Heluicus
pour ſon ſiſtheme Chronologique, Melchior Tavernier
pour le Theatre d'Horlogiographie, par Dom Pierre de
Ste Magdelaine Feüillant, en 1641. Conradus Daſypo-
dius & David VVolckenſtein qui deſſinerent l'horloge de
Straſburg, laquelle fut peinte par Tobias Stimmer, & le
mouvement luy fut donné par Iſaac Habrecht, dont il y a le
Portrait, Janus Gringalet Genevenſis, Jacobus ab Heiden,
Michaël Florentius Langrenus Mathematicus & Coſmo-
graphus Regius touchant l'opinion que le globe de la Lune
eſt une terre habitable comme pourroit eſtre la noſtre, en
1645. Girolamo porro inciſor, Joannes Hogembergius
Sculptor, Chriſtophorus Blandus Sculptor, Nicolaus
Lippius Baſilienſis Auteur de la grande horloge de l'Egliſe
de S. Jean de Lyon, Jaſpar Iſac, pour le Kalendrier Eccleſiaſtique perpetuel : David Molfenſtain Mathematicus, &
Tobias Stimmer pour une admirable horologe : Andreas
Baccius pour une figure Emblematique de toutes les choſes
qui ſont au monde : Chriſtofle Suiſſe Tailleur d'hiſtoires à
Paris en la ruë S. Jean de Latran : *Denys de Matoniere à Paris* : Gio Maria Tamburini Pictor, Franciſcus Curti Sculptor in Bologna, pour un livre des Arts mecaniques en 10

N

figures : Theodore Galle , & Jean Colar apres Jean Stradan , pour un livre de l'invention des Arts en 20 pieces.
Francesco Stelluti Academico, Linceo da Fabriano en 1637.
La Geometria prattica di Gio Pomodoro Venetiano, con
lespositione di Gio Scala Matomatico in Roma appressa Gio
Angele Ruffinelli en 1624. Isaac de Caus Ingenieur & Architecte natif de Dieppe , pour son livre de l'invention des
machines d'eaux , imprimé à Londres en 1644.

Vittorio Zonca Architetto della magnifica Communita
di Padoa , pour son livre des machines en 1621. Francisco
Bertelli in Padoüa.

Jacques Besson Dauphinois Mathematicien , pour son
livre du Theatre des instruments Mathematiques & Mecaniques , avec l'interpretation des figures par François Be-
roald , à Gennes par Jacques Choüet en 1594.

Pompée Ingenieur , pour son Moulin portatif en 1606.

VVybe Adam Von Harlingen , pour son invention du
transport des terres à Danzich , dessinée par Guill. Hondius , & gravée par Steven de Praët.

Un livre de 19 figures , intitulé, *Nobilissimo Antidoto dell
Flixir vita.*

Hanzellet Lorrain , pour son livre de la Pyrotecnie en
1630.

Jacques Nivelle Chanoine Theologal , & Principal à
Troyes , pour son Kalendrier Ecclesiastique. Ce livre est de
588 pieces.

CCII. & CCIII. POMPES FUNEBRES.

Tombeaux & Catafalques , ou Chappelles ardentes ,
distribuées en deux volumes , contenant plusieurs pieces de
divers Maistres. Horatius Torrianus Architectus , Francesco Perucci dans son livre des Pompes funebres , gravé
par Abb Banco en 1639. Jean Vredeman dans son livre des
Tombeaux , chez Theodore Galle. Henricus Hondius
de la Haye , dans sa pompe funebre de l'Emp. Charles V.
Jean & Luc de Duetecum.

Corneille Galle , apres Jacques Francquart Architecte du
Roy d'Espagne , pour la pompe funebre de l'Archiduc Albert à Bruxelles en 1623.

Franciscus Hogembergius , & Simon Novellane , pour
la pompe funebre de Frederic Roy de Dannemarck en
1588.

Henry Goltzius, J. Reyners, J. Herman.

Matthieu Merian, apres Claude de la Ruelle, pour la pompe funebre de Henry II. Duc de Lauraine, Frederic Brontel, Jean la Hierre, *Puget de la Serre chez Pierre Bertrand*: Cl. Melan, Antoine Sallarts, P. de Jode : Jacques Lamus apres Horatio Torriani. Le Cavalier Fontane en 1591, Eftienne la Belle, Antonio Gerardi, Jacq. Callot,

H. Hondius, Sebaftien Vovillemont, Alexandre Voet apres P. de Baliu, Corn. Galle le jeune apres N. Vanhorft, P. de Jode apres le mefme. Cæfar Baffan apres J. Leon Binalduis de Toulon Architecte, Ambrofius Brambille, Georges Geldorp, Jean Gelée, Catarin Doino, Jacques le Mercier Architecte François, J. Callot, Robert Vaughan Anglois, Gio Humble Peintre Anglois, Joffe Hondius, Giovanni Maggi apres Donato Frofino Architetto Fiorentino, Fr. Parmefan, Samuel Hoochftraten d'Anvers apres Diego Lopez, Valerianus Regnartius apres Horatio Torriani Architetto in Roma, Pierre Gentile, Dominicus Parafaccus, Francifcus Fulcarus, apres Marcus Antonius Magnus, Francifco Vagio apres Philippo Ofegrenio, Joannes Maria Philippus de Defindo Architetto, Boëtius de Bolfuvvert, Nicolaus de Marté, AB. Flamen, Matthias Dreffelleus apres D. Alf. Ang. Jean Picard, Corn-Galle apres Van Hoorft Georit Mountin Anglois, Nicolas Vander Hoorft, Corn-Cort : E. Moreau, Michel Ange en 1553. en tout 606 pieces.

CCIV. PIECES DIVERSES
De plufieurs bons Maiftres, 167.

CCV. & CCVI. TRIOMPHES, CAVALCATES, Entrées de Villes & ceremonies, contenuës en deux volumes de divers Maiftres, Giovan Giacomo Scialta Tamberino de la guardia de Nre Seignore, pour la ceremonie de l'ouverture du Jubilé en 1625. Fr. Chauveau, *Godefroy de Scaichi à Rome en 1618. Giovan Orlandi,* Antonio Tempefta, Joannes Maggius 1610. Jacobus Laurus, Matthieu Greuter apres Papirius Bartholdus, & Simon fon neveu en 1623. Francifco Cordova Pittore, Francefco Valefio, *Claudius Ducheti Nepos Ant. Roma.* Joannes Guerra Mutinenfis delicator en 1589. Joannes Londrefel apres Henderich Arts, *Gio Iacomo Roffi, Henricus Van Schoël, Petri de nobilibus, Vincent ÿ Luchini* 1558 P. Brebiette, Henricus Hondius, *Doino,* Cl. le Lorain, Gerhaërt Bouttars Univerfitatis

Viennenſis Sculptor , apres Hans Jacob Hertz Jer. Meij
Tiſler 1658. pour l'Arc Triomphal dreſſé à l'Emp. Leo-
pold , Theodore de Tulden apres P. P. Rubens pour la pom-
peuſe entrée du Card. Infant à Anvers en 1635. Cecy eſt
pour le 1 volume de 260 pieces.

Celles du 2 volume ſont de *Michel Matonniere* , N. Co-
chin , *P. Firens* , *P. Bertrand* , *I. le Clerc* 1610. Jean le Po-
ſtre , *L. Lagnet* , M. Merian , B. Moncornet , Jean Ziarako
Polonois , *I. Ganiere* , P. Firens apres François Queſnel 1610,
Th. de Leu , N. Bollery , L. Gaultier , Heli du Bois , Loüys
Bobrun , Ab. Boſſe , J. Ziarnko Polonois 1612. Id. *Robert
le Mangnier.* 1577. Metezeaus Architecte du Roy pour les
Eſtats de 1615. Crache en bois , Egues Carolus Raynaldus
Jean Boiſſeau , G. Hondtorſt , L. Martſon de Longe , &
S. Savery , T. Keiſer , & J. Suideraf , Fridericus Brentel
1611. Matth Merian apres Claude de la Ruelle , J. Callot ,
Stephanus Harrſon , Joiner Architecte , & VVilliam Riy ,
Juvenalis Boetti Foſſanenſis , J. de Fornazerijs delineator ,
Aleſſandro Boratta , François Collignon , Matth. Greuter ,
Jacques Stella de Lion , Aleſſandro Baratti , Ant. Tempe-
ſte , Phil. Galle apres J. Stradan , Horatio Torriani Archi-
tetto , *Giacomo Franco* in Frezzeria , Valegio , Dominico
Zevoni , *Gerard de Iode* , G. Mantuan 1591. Sébaſtien Vranck,
J. Van Velde apres M. de Jarge , Eſtienne la Bella , Jean
Theod. de Bry , Jacques de Zettra , Jacques Gelle , E. Kie-
ſer , Bernardino Capitelli. En tout 650 pieces.

CCVII. Moresques , Grotesques , Cartouches ,
Quadres,

Et Bas Reliefs antiques de divers Maiſtres , Jean Sadeler ,
Loüys Ferdinand , Hieroſme Cock apres Cornelis Flore ,
Spaert , Heer Van Volch , *Michel Van Lochon* , Ant. Tem-
peſte , René Boivin , Jacques Androuet du Cerceau , Mai-
ſtre Roux Florentin , *Ioannes Orlandi* , *Roma* 1602. L. Janſ-
ſen , Jules Bonaſone , Edoüard Peare , Eneas Vicus , Ra-
phaël d'Urbin , Franceſco Valéſio , Marc Gerar , *Michel
Snyders* , Eſtienne de Loſne , Jean Hogenberg , M. du Val ,
Jacques Flore d'Anvers , Jaccomo Marcuci in Roma , Mi-
chel Mozin apres François Danck & J. Van Campen ,
François l'Anglois dit Chartres , Daniel Rabel , le Chevalier
Bernardino Radi à Florence 1636. *G. Danckers* , Joannes
Lutma , Gerard de Ecchont , *Clement de Ionge* , Gerbrand

du Chefne à Amftredam , *Melchior Tavernier*, François Collignon, Eftienne la Belle, Jacques Lutma à Amftredam, Agoftino Metelli de Bologne , Leonardo dell arca à Rome, Gerbrant Vanden Ecckenhout , & J. Lutma à Amftredam chez Cornelis Danckers, il y a aufli Jean Lutma , en 1633. Corn. Galle, Hierome David apres Andre d'Ancone , *Vifcher*, Agoftino Mielli 1636. Camillus Cungius apres (Bernardus Caftellus, Afluerus de Londerfeel à Amftredam, Abraham Boffe apres Paul Farinate , Hans Liefrinck , A. Vejentano, Gio Andrea Maglioli Napolitano, *fould by p. ftent*, Hans Liefrinck 1631. Virgilius Solis , Francifcus Pein Inventor, Jofeph English Sculptor , B. Lochon apres Janffen , L. Ferdinand apres L. Tettelin , P. Brebiette, Polydore Caravage, J. Van Velde, Zac. Heince & Fr. Bignon, *René Guerineau, Nicolo Van Aelft*, VVincefl. Holar apres André Mantagne, Fr. Parmefan, J. Saenredan, apres Henry Goltzius & Polidore 1594. Mich. Ange, *Antoine Salamanque*, Cherubin Albert, Leonard Gaultier, *Petrus Stephanonius*, Corn. Cort. Silveftre de Ravenne, Phil. Thomaffin. Il y a 1183 pieces.

CCVIII. ORFEVRERIE, BRODERIE,

Menuferie, Dentelles , & Patrons d'eftoffes, de divers Maiftres VVenceflas Hollar, Jeremie Falck apres Paulus Schmit, chez Jean Sommre, B. Montcornet, H. de Vriefe , Maiftre Roux Florentin, Gedeon Legaré petit livre d'Orfevrerie, Paul de la Barre Maiftre Orfevre, pour fon livre d'Orfevrerie gravé par J. Briot, Laurentius Legaré, Jacobus Vander Tuerff , François le Fevre , Baltazar le Mercier , 1625. Hans George Mofbach Inventeur, 1626. Pierre Bauquat Inventeur, 1634. J. Briot, 1629. Jafpar Ifac, Michel Van Lochon apres Antoine Hedoüyns 1633. Eftienne de Laune 1573. Efaïas Van Hulfen pour fes pieces emportées 1617. Gerardus Sordot , Jacomo Laurentiani en 1632. à Rome, Antonius Gentilis Faentinus Aurifex, P. Firens, *Iacques Honervegt*, A. Jacquart, Dit. Mar Schn. *Vifcher*, Hieronimus Banng à Nuremberg , H. Holbein. M. le Blon à Amftredam 1626. C'eft Michel Blondus, Guill. Janffon, Daniel Mignot à Augsbourg en 1616. Abrahamus Heckius, Martin Gerard, Petrus Nilon 1619. C. J. Vifcher Stephanus Carteron Caftellionenfis Burgundus 1615. Corvinianus Saur 1591 à *Strafbourg*, 1596. Paul B Jean Voüert

1601. Guillelmus de la Quevvellerie, 1611. Jacques Hurtu, 1619. Matthias Beitler 1610. Esaïas Van Hulsen Van Indelberg, Valentin Sozenius 1622. Petrus Marchant, J. Toutin à Chasteaudun, Adrian de S. Hubert, Antoine Jacquart Poitevin, VVendel Dieterlin de Strasbourg, 1614. Christofle Jamnikar Burger à Nuremberg 1610. Isaac Brunnius 1631. Thomas Picquet Peintre 1638. Lons Maturin Berton Mre Serrurier, Nic. de Jardin 1646 Didier Torner Serrurier, D. V. Velthem Serrurier, Aubert Loriot Serrurier, François Marcoul Maistre Arquebusier, C. Jaquinet Arquebusier, Guill. le Lorain Serrurier, Cæs. dan apres Louys Scal Brodeur, Ludovico Scalzi, Petrus Antonius Priscus 1617. Pierre Briard, Polifilo Zancarli, Tosio Zancarli en broderie, Gabriel VVeyer, Claes Janss. Visscher 1634, Martinus Vanburen Flander 1607, A. Vivot 1624. Diana Mantuana apres Battesta Gioldo da Como, 1580. Diana Mantuana femme de François Volaterre Architecte, apres une piece dessinée de sa main, & de la main de Baptiste à Sta Petra en 1576. Renatus Boyvinus Andegavensis en 1575. Petrus l'Evesillé, Aurelianensis, à Rome, Franciscus Civis Volateranus, & Diana Mantuana Uxor 1579. Cæsar Dom apres Antonius Priscus en 1607. & 1614. Ludovico Scalzi *Alitenius Gattus Romæ.* Girolamo David apres Pietro Antonio Prisco Napolitano 1624. Jean Barra en Broderie, Daniel Meyer à Francfort sur le Mein, 1618. Adrianus Muntingius Groningensis, ; H. Janssen, Michaël Blondus Amsterodami, Theodus Baig. Nurimbergensis ; *Henry Van Schoël* Romæ, Theodore de Bry, Mauritio Bona apres les dessins de Elisabetha Catanea Parasole Romana, pour des dentelles 1636. Bartholomeo Danieli Bolognese pour dentelles, Agostino Parisini, & Gio Batt Negro parte à Bologne, P. J. de Berry, P. J. de Bullant, 1565. Il y a 1424. pieces.

CCIX. CCX. & CCXI. Escritures diverses,
Contenuës en 3 volumes de divers Maistres, D. Hopfer, Jean Sadeler, Hierosme VVirix apres Melchior Modelio 1608. Eberhardt Kiser, Jobst de Negter, Balthazar Koëblinus Suevus à Zurich en 1654. Frere Jacques Bonaventure Hipburnus Scotus de l'Ordre de S. François de Paule, Philippe Thomassin, Dominique Fontane du Diocese de Come, Architecte Cavalier speron dora qui dressa la pyramide

où sont les Hieroglifiques Egyptiens , apres lequel Natalis
Bonifacius Dalmatinus en a gravé l'Estampe en 1589. Jacobus Romanus pour l'Ecriture , Toreumas Brianceus à
Francfort sur le Mein 1595. C'est Theodore de Bry Giuseppe Segaro Genovese , Mre Escrivain , son livre gravé per lo
multo Reverendo D. Epifanio dal siano Valombrosano
Priore dello Spirito S^to di Firenze en 1607. Gio Batt. Segaro fils de Joseph , à Genes. Lodovico Curione , Josse Hondius , Salomon , Henrix Scrip. 1594. J. Velde , Felix Van
Sambix Scrip. J. Hondius Scrip. J. Van Velde Scrip. Il
curione , M. Martin Aug. Scrip. J. de Beauchesne Parisien Scrip. J. Lonthusius Scrip. Jaquemyne d'hond
Scrip. P. Goos Scrip. Petrus Bales Ang. Scrip. Thomaso
Ruinetti da Ravenna de l'art de bien escrire , son livre gravé par Christoforo Blanco 1619. Nicolas Borbonius Sculptor , Jacques Romain , son livre imprimé à Rome par
Pietro Spada en 1589. Jean de Beauchesne Parisien 1580.
Vincentio Luchini Romæ , Paolo Forlivi Veronese , *Fer-*
rando Bertelli , Marius Caitinius , Marcello Scalzini detto
il camerino , & le Romain Scrip. Jacobus Francus , Giaco-
mo Castaldo Piemontese Cosmographo in Venetia en 1545.
Jacobus Bossius Belga , pour la Carte de Suisse en 1555. Do-
minico Zenoi Venesica , pour la carte des Païs-bas en 1559.
Cornelis Dankers à Amstredam , *Pierre de Iode* , à Anvers,
Michel Mathoniere à Paris , *Iacques Honnervost* , *la veufve*
Petit , P. du Val , chez *Vauconsains* à Paris , Alexandre Jean,
Loüys Senault Maistre Escrivain , N. Cochin , le Febvre,
J. Alegre le fils , A. Peyrounia Sculp. Gio Antonio de Paoli
pour le jeu de la Cloche , Gaspard ab Avibus , Citadelensis,
& Lucas Betellus pour le jeu de la fortune à Venise en
1586.

Le premier volume est de 598 pieces.

Le 2. volume aussi de divers Maistres , Nicolas Bodding
Maistre d'Ecole à Harlem , Alexandre Jean Escrivain &
Aritmeticien , Jacques Raveneau Maistre Escrivain , François des Moulins Maistre Escrivain , 1644. gravé par S. Savery : Guillaume le Gangneur Angevin , Secretaire ordinaire de la chambre du Roy 1599. Phil. Galle , Hubert
Druet , Marie Pavie , Simon Frisius , Lucas Materot
Bourguignon , François Citore d'Avignon : J. de Beaugrand Parisien Escrivain du Roy , & Secretaire ordinaire de

ſa chambre, ſon livre gravé par P. Firens, & par Leonard
Gaultier : Simon Friſius, graveur de lettres : Jacques de
His Maiſtre Eſcrivain: Deſperois Maiſtre Eſcrivain, P. Moreau M. Eſcrivain à Paris, ſon livre gravé par Iſac Briot,
en 1633. Helden Staen Preſtre Inventor, G. Looff Sculptor,
le ſieur de Beaulieu de Montpelier Maiſtre d'eſcriture, en
1625. ſon livre gravé par Matthieu Greuter Alleman: G.
Malery a gravé un livre de Beaugran : Jacques de Heydem
à Straſbourg 1614. Andreas & J. Ceſtelius, Sébaſtiano Za-
nella : Granthome a gravé un livre de Beaugrand : André
le bé Maiſtre Eſcrivain Juré de Paris: N. Gougenoſt Dijon-
nois: Gerardus Gavv 1623. Tleoſtalvanden Velde Maiſtre
Eſcrivain Hollandois : Georges Carpentier, Simon de Vries
Maiſtre Eſcrivain Hollandois de Harlinghen, F. Hals, J.
S. Hoef, Louys Senault Maiſtre Eſcrivain à Paris. Ce livre eſt de 791 pieces.

Le 3 volume eſt de 300 pieces de divers Maiſtres, Philip-
pes Limoſin Pariſien avec ſon Portrait fait par Fr. Chauveau en 1647. Petré Maiſtre Eſcrivain Jvré à Paris, ſon livre gravé par R. Cordier d'Abbeville en 1647. Pierre Moreau Maiſtre Eſcrivain, Jacques de His d'Abbeville : Louys
Barbedor Maiſtre Eſcrivain, ſon livre gravé par Robert
Cordier d'Abbeville : André le Bé : Robert Vignon Pariſien, Maiſtre Eſcrivain, ſon livre gravé par S. Friſius. Jean
l'Albeuck a gravé une piece apres Philippe Limoſin Maiſtre
Eſcrivain : André Mar pour un Alphabeth de lettres Capitales figurées : Henrico Zucchi, Dominico Falcini, J.
Boiſſeau : Jean Blanchin apres Jacques Coſſard pour l'invention d'une methode qu'il a trouvée pour apprendre à lire,
à eſcrire & à chanter. La Rouliere Malherbe pour apprendre promptement la Muſique. C'eſt en tout 1689 pieces.

     CCXII. & CCXIII. Theses d'Italie.

Elles ſont contenuës en deux volumes, le premier de 256
pieces de divers Maiſtres, Gaſparo chez Ant. Laffreri, Valerianus Regnartius apres Jean Nicolo Creſſius, Jean Paul
Blancus de Milan, Andrea Vincentino 1593. Franciſcus Cavarus 1612. Lucas Ciamberlanus apres Angelo Bar-
leſio da Coldarone, *Petrus de Nobilibus* Romæ, Gio. Batt.
Paſcalino in Roma 1622. Bernardinus Galliardus, *apud Ca-
mocium*, Raphaële Guidi apres Anaſtaſio Fontebuono:
André d'Ancoſne : Ambroſius Brambella Romæ 1582. G.

Autguers

Autguers 1623. Matth. Merian, Franciscus Curtus Bononiensis ; *Iean le Clerc*, J. Bapt. Coriolanus : Il Valesio,
Jean Frederic Greuter apres André d'Ancosne : Fr. Vilame-
ne apres le mesme : Jean Lanfranc, Ant. Pomerange, François Albanne , *Il Pinelli* : Franciscus Fulcarus Pictor : G.
Baussonnet : A. Hanzelet en 1628. *Dominicus Falcini* :
Charles David apres J. Mailly : Mattheus Greuter apres
Franciscus Nappi. Il faut icy voir en la page 73 la These dediée au Pape Paul V , à cause des applications qui luy sont
faites, les propheties qui ne se doivent entendre que de nostre Seigneur Jesus-Christ. Il Valesio : Jean Trochel apres
Ant. Pomerange : Franc Flore : Gio Burnacini : Bartholomeo Mandoza, delineator, *Henricus Van Schoël*: Gaspard Cælius Romanus: Fr. Villamene apres Theodore Vanlot: Giovanni Florini : Christianus Sas, Valerianus Regnartius :
Franciscus Albanus, Mattheus Greuter : Joannes Nicolaus
Cressius Pictor : Eques Burghesius, Guidotus : *Ioannes An-
tony de Paulis* : Phi. Thomassin, Joannes Troschel : Hier.
David : Karle Audran, apres Alexander Vajanus : Joannes Lelius : Gaspar Cælius : Lucas Kilian apres Fr. Vanius, Ludovicus Pozoseratus : Fr. Poilli.

    Le 2 volume de 127 pieces est aussi de divers Maistres, &
contient plusieurs pieces en bois, qui sont des cartes de Provinces & des Portraits de Villes. Il y en a de Jacomo Franco, Mattheus Florinus, Phil. Thomassin, Donatus Parigius Senensis, Lucius Cornelij, Cæsar Bassanus Mediola-
ni 1629 : Horatius Brunus Senensis, apres Fran. Ruse de
Sienno : Balu, Jean Blanchin. En tout 383 pieces.

    C C X I V. jusques à C C X X.

    Sept volumes en taille de bois sur divers sujets, & de di-
vers Maistres , dont la plufpart ne marquent point
leur nom. Le 1 des sept volumes est de figures de l'Escriture
Sainte, ou d'autres sujets pieux. Il y en a d'Albert, de Lucas
Cranis, les unes en grand & les autres en petit, de France
& d'Alemagne , & contient 564 pieces.

    Le 2 volume de 1323 pieces contient un livre de Josse
Aman intitulé, *Theatrum mulierum, &c.* où sont represen-
tez les habits des femmes de diverses Nations, avec des vers
Latins au dessous de François Modius. Ce livre imprimé à
Francfort en 1586.

    Un autre livre Aleman de 62 pieces, representant les ha-

O

Turcs apres les deſſins de Nicolaï, ed 1576.

Un livre de 125 pieces, où ſont repreſentez les habits de diverſes Nations.

Un livre Aleman de 48 pieces, repreſentant divers combats, accompagnez de vers Alemans, dedié à l'Emp. Charles V. par Simon Huters.

Figures de l'Arioſte, & d'autres pour les Georgiques de Virgile, & pour autres ſujets.

Un livre Aleman de 62 pieces de Joachim Meyer de Straſbourg, repreſentant divers combats à l'eſpée, en 1570.

Les Travaux d'Hercule.

Un livre Aleman de 124 pieces de VVelſer Rehlinger intitulé, *Patriciarum ſtirpium Auguſtanarum Vindelicum & earumdem ſodalitatis inſignia* : c'eſt à dire, des familles principales d'Augsbourg, où ſont repreſentez des gens armez de toutes pieces à cheval, chaque Chevalier marqué par l'eſcuſſon de ſes armes, ce livre aſſez rare.

Autre livre encore plus rare, intitulé, *Libro de marchi di Cavalli de Bernardo Giunti in Venetia*, de l'année 1588, contenant 90 pieces.

Un livre qui porte pour titre, *Les Fables d'Eſope Phrygien moraliſées au Roy*, contenant 169 pieces.

Autre livre intitulé, *Theatre des animaux*, &c. à Paris, chez Guill. le Bé, en 1644.

Autre livre de Fables d'Eſope, contenant 100 pieces.

Autre livre de 118 pieces intitulé, *Sultifera Navis*, &c. par Sebaſtien Brant, & traduit en latin par Jacques Locher, & puis revû par le meſme Sebaſtien Brant dés l'année 1497, avec le travail de Jean de Bergman de Olpe.

Un livre intitulé, *Oeuvre de la diverſité des termes dont on uſe en Architecture, reduit en ordre par Maiſtre Hugues Sambin demeurant à Dijon*. Ce livre de 37 pieces imprimé à Lion par Jean Durant en 1572.

Autre livre de 68 figures d'Architecture perſpective.

Un livre de 44 pieces intitulé, *Le Calendrier des Bergers*.

Item, Pluſieurs autres figures en bois, où ſont les 12 Pairs de France.

Le 3 volume de 68 pieces doubles, de Titien, d'Albert, du Parmeſan, de P. l'Aleman, de Goltzius, & autres.

Là eſt la deſtruction de Jeruſalem, par Veſpaſien, du deſſin de Claude Bezault, l'image de la vie morale & Chre-

sienne, imprimée à Venise en 1511, qui est une piece rare
avec la copie : la grande Tour de Babel, original & copie
en deux grandes doubles feüilles.

La Fontaine de Jouvence.

Un triomphe Romain en 6 grandes pieces.

La Roüe de fortune en deux feüilles d'une invention singuliere.

Une grande cavalcate de 12 pieces.

Et en outre, le livre du voyage de la Meque en 7 grandes
pieces.

Et un livre de la Passion de nostre Seigneur, de Rigman
Philesius, imprimé à Strasbbourg par Jean Knoblouch en
1508, livre tres-rare de 25 pieces. Si bien qu'en tout il y a
dans ce volume 90 pieces considerables.

Le 4 volume de 932 pieces contient un livre de figures des
Histoires de la Bible en 272 pieces de Guill. le Bé, à Paris
en 1643.

Le Symbole des Apostres en 12 pieces *de Jean le Clerc* en
1596.

Les Oeuvres de misericorde en 8 pieces.

Toutes les figures de Guill. du Choul de la Religion, &
de la Castramétation des anciens Romains, en 585 pieces.

Combats à l'Alemande 13 pieces, &c.

Le 5 volume de 430 pieces, où sont des figures d'heures
à l'Alemande, avec les mois, & des images de SS. des figures emblematiques, quelques unes du petit Bernard, les
Apostres en grand d'un ancien Maistre François, des pieces
de perspective & d'Architecture.

Un livre ancien de l'année 1542, propre pour les Peintres,
les Tailleurs d'images, & les Orfevres : un autre livre de
1585, de diverses broderies & dentelles.

Pieces de feüillages & d'Architecture, d'Histoires &
d'Animaux.

Le 6 volume de 218 pieces de la Comedie Italienne, &
Françoise, & d'autres sujets de bouffonnerie, & de mignoterie, dont quelques-unes sont assez rares.

Le 7 volume de 666 pieces d'Animaux de Fables d'Esope,
de petites cartes, & de figures de Mignoterie pour des chasses, de Paris & de Lion.

Le tout ensemble pour les 7 volumes se montant à 4225
pieces.

CCXXI. LIVRE ARMORIAL.

Ce livre de la connoiſſance des Armoiries & des Genealogies, & des Armes de quelques familles de France d'Eſpagne, d'Italie, d'Angleterre & d'Alemagne, contient 680 pieces de divers Maiſtres, dont la pluſpart n'ont pas marqué leur nom. Il y en a en bois & en taille douce avec le livre de Marc de VVlſon de la Colombiere de cette ſcience, imprimé à Paris chez Melchior Tavernier, avec des figures d'Ab. Boſſe, de Gr. Huret, Fr. Chauveau, Nicolas Cochin & autres. Là ſont auſſi les livres des promotions des Chevaliers de l'Ordre du Roy des années 1619 & 1633, eſcrites par Jacques Morin ſieur de la Maſſerie, & par P. d'Hoſier, les figures gravées par P. Firens.

Le livre de Claude Magneney, qui eſt un grand recueil des Armes de pluſieurs Maiſons nobles.

Autres livres d'Armoiries des Pays-Bas, de l'Alemagne, de la Grand'Bretagne, de l'Italie, & de l'Eſpagne, où ſont repreſentez dans le dernier deux perſonnages debout avec ces mots au deſſus dans un quadre, *Tevcro i Aſdrubal fundadores de Cartagena*, & en ſuitte ſont les Armes de diverſes familles en 18 feüilles.

Les Genealogies contenuës dans ce volume, ſont celles de Portugal, par R. P. Frere Joſeph Texier Luſitain de l'Ordre des Preſcheurs, Preſcheur ordinaire du Roy de Portugal, en 1582.

Une autre de Portugal, par Meſſ. de Sainte Marthe.

De Loraine, que ſon Autheur appelle Royale, & la fait deſcendre de Charlemagne.

De VVaſa, de laquelle ſont les Roys de Suede & de Pologne.

De Bournonville, par P. d'Hoſier en 1657.

Des Comtes de Naſſau, imprimez à Leydem chez Jean Orlers.

de la maiſon de Salvaing en Dauphiné, par Marc de VValſon.

De Courtenay Royale, des années 1618 & 1663.

De Leſcale.

De la maiſon de Roſmadec.

De la Maiſon Royale de Pologne par Jean Kauffman, en 1649.

De la Maiſon de la Rochefoucault, par André du Cheſne.

Des Roys de Naples & d'Arragon, la planche gravée par Georges Tilman Aleman.

De la Maison du Puy du Fou, la planche gravée par J. Picard en 1634.

Les Ordres Militaires, &c.

Je ne compte d'ordinaire qu'une piece pour chaque page de celles où il y a plusieurs Armoiries, quoy qu'elles soient separées.

CCXXII. CCXXIII. CCXXIV. ARMOIRIES DE THESES DE FRANCE.

Le 1 volume en contient 386 de divers Maistres, M. l'Asne, L. Gautier, Jacques Laurus, , Michel Van Lochon, P. Firens, Fr. Ragot, Spirinx, Jaspar Isac, J. Picard, B. Moncornet, J. de Courbes, Eli du Bois, M. Faulte, Blanchin, L. Picart, Van Merlen, Th. de Leu, Hier. Cock, Palliot, N. Picard, Humbelot, Jollain, J. Poinsart, C. David, P. Roussel, Matthieu, Petrus Taber Lugdunensis, Joseph Rongen, Michel Pelais, Gr. Huret, J. Ganiere, C. Charpignon, F. Sain, Daniel Rabel.

Le 2 uolume en contient 233 de Nicolas de Larmessin, Lulié, Grignon, Humbelot, Gr. Huret, Jollain, J. Guerin, P. Firens, P. Roussel, M. Van Lochon, Alexandre Boudan, J. Boulanger, Alb. Flamen, Fr. Chauveau, J. Couvai, Petrus Faber Lugd. apres Martin de Vos,

J. Seguenot, N. Loyr Inventor, L. Baugin Inv. *Martin de Moreul,* J. Ganiere, G. Ladame, M. l'Asne, Guill. Faitorne, Jaspar Isaac, P. Van Mol Inv. P. Landry, J. l'Enfant.

Le 3 volume en contient 424 de J. Humbelot, Jollain, J. Ganiere, L. Gautier, Cl. Melan, P. Firens, Fr. Ragot, P. Roussel, N. Picard, Matthieu apres le Blond, Gr. Huret, Alb. Flamen, Fr. Chauveau, J. Guerin, Gil. Rousselet, J. l'Enfant, J. Seguenot, M. Van Lochon, P. Daret, M. l'Asne, M. Faulte, Crispian de Pas, de Rogues, Cl. Charpignon, Antoine Messager, G. Ladame, Jaspar Isac, J. Blanchin, J. Picart, B. Moncornet, Honnervuogt, *A. Boudan,* Eli du Bois, J. de Courbes, Noblet, G. le Brun, Cl. Vignon Inv. C. David, C. Goyrand, Gilles Rousselet, id. Noblet, J. Briot, M. Pelais. C'est en tout 1043 pieces.

CCXXV. ROMA SOTERRANEA.

D'Antoine Bosius Romain imprimé à Rome chez Guill. Facciotti en 1632, contenant 209 figures en taille douce.

CCXXVI. jusques à CCXXXII.

Sept volumes de l'Atlas de Guillaume & Jean Blaeu à Amstredam en 1638.

Le premier Tome contenant 209 cartes apres plusieurs Autheurs, & gravées par J. Vanden Ende, & par quelques autres apres Andreas Buræus de Boo Secretaire & Architedu Roy de Suede : Fœdorus Borissouvitsi pour la Russie : Nicolaus Christophorus Prince Ratzivil pour la Lituanie : Gaspar Hennenberg Erlichensis pour la Prusse : Eilhardus Lubinus pour la Pomeranie, son graveur S. Rogiers.

Jean Laurembergius pour Meklemburg.

Joannes Gigas Medicus & Mathematicus, pour Hildesheim & autres.

Joannes Melingerus pour Lunebourg.

Christianus Molerus pour la riviere d'Elbe.

Esimonts Hamersvveldt a gravé Oldembourg.

Ubbo Emmius, pour la Frise Orientale.

Joannes VVestemberg Medicus & Matth. pour Bentheim

Adolarius. Erichius Anderslebianus, pour Thuringe.

Tilemannus stella, pour le Comté de Mansfeld.

Martinus Helvvigius Nissensis, pour la Sillesie.

J. A. Comenius pour la Moravie.

Gerard Mercator, pour diverses Provinces.

VVolfangus Lasius, pour l'Austriche.

Christoforus Hurterus, pour l'Alemagne.

Fortunatus Sprescher à Berneck, & Phil. Gluverius, pour la Rhætie.

Guill. Jansonius, pour les Pays-Bas.

Michaël Florentius à Laugren Math. pour le Brabant.

Franciscus Van Schoten Math. de Leyde.

VVillebordus Vander Bvrght, pour Boleduc.

Ægidius Martinus, pour Limbourg.

Joannes Surhonius, pour Namur.

Pieter Code Van Enchuysen, pour les costes maritimes.

Martinus Doüé, pour le païs de Tournay.

Adrianus Metius, & Gerardus Freitag, pour la Frise.

Bertholdus VVicheringue, pour Groningue.

Le 2 Tome contient 107 Carthes de Guill. & Jean Blaeu, apres divers Maistres.

Jean Suchonius pour la Picardie.

P. petit Bourbon, pour le Gouvernement de la Capelle.

Damien le Templeux Escuyer sieur du Frestoy, pour l'Isle de France.

Fr. Guilloterius Bituricensis, pour l'Isle de France.

Jean Jubrien Chaalonois, pour le Diocese de Rheims.

Abraham Faber Consul de la ville de M, pour le Païs Messin.

Jean Van Damme Sr. d'Amendale, pour le Comté de Charolois.

Jacques Gadart de Geneve, pour le lac de Geneve.

Jean Fajan, pour le Limosin.

Gabriel Simeon, pour la Limagne.

Joannes Temporius, pour le Blaisois.

Isaccus Francus, Grand Maistre des Eaux & Forests pour la Touraine.

Licinius Guietus Angevin, pour l'Anjou.

Mattheus Operius, pour le païs du Maine.

Joannes Tardo Canonicus Ecclesiæ Sarlatensis, pour le Diocese de Sarlat.

Petrus Joannes Bomparius, pour la Provence.

Jacques de Chieze Orageois, pour le Diocese d'Orange.

Jean de Beins Geographe & Ingenieur du Roy, pour le Dauphiné.

Pierre Bertius, pour l'Empire de Charles-magne.

Abraham Ortelius, pour la Gaule, selon Strabon.

F. Fer Oiea Ord. Præd. pour la Galice.

Vernandus Alverus seccus, pour le Portugal.

Le 3 Tome contient 65 Cartes de Guillaume & de Jean Blaeu, pour l'Italie, & pour toutes les Provinces qui en dependent.

Le 4 Tome contient 63 Cartes de G. & de Jean Blaeu, pour la Grand'Bretagne.

Le 5 Tome contient 55 Cartes de Guill. & Jean Blaeu, pour l'Escosse & l'Hibernie.

Le 6 Tome contient 17 Cartes de Guill. Blaeu, apres Martinus Martinius, pour la Chine.

Le 7 Tome contient 30 Carthes enluminées du livre intitulé, *Harmonia Macrocosmica, sive Atlas universalis, orbis celestis, studio & labore Andreæ Cellary Palatini, Schola Hornana in Hollandia Boreali Rectoris, Amstelodami apud*

Ioannem Ianſonium an. 1661, de la graveure de F. H. Van Hoven. C'eſt en tout 446 Cartes.

CCXXXIII. CARTES DE FRANCE,

Les premieres deſquelles ſont de Gerard Mercator Coſmographe de Monſ. le Duc de Cleves & de Juliers, imprimées à Duyſburg dans le païs de Cleves, au nombre de 12.

Il y a auſſi les Cartes d'Everard Cloppenburgius à Amſtredam, de Jean Boiſſeau, Nic. Sanſon, Melchior Tavernier, Pierre Pronoſtel de Rheims, pour le Dioceſe d'Alby.

Licin Guiet. pour l'Anjou, à Tours chez Maurice Boguereau, en 1591.

Le ſieur du Bouchet Maiſtre d'Hoſtel du Roy, pour l'Auvergne, 1645.

Le ſieur de Clerville, pour la haute Auvergne.

Evert Sijmons, & Hamers Veldt, pour le païs du Bearn.

Damien le Templeux, Eſcuyer ſieur de Freſtoy, pour le Beauveſis, & le Valois.

Gabriel Symon, pour le Berry & la Limagne.

Jean Temporarius, pour le Blaiſois en 1590, à Tours.

Salomon Rogers Graveurs, pour le Bordelois, le païs de Caux.

Nicolas Nicolaï de Dauphiné, pour le Boulonnois.

Jean Surhonius, pour le Vermandois & la Picardie, à Tours en 1592.

Jean Janſon à Amſtredam, pour la Champagne & la Provence.

Jean de Beins Ingenieur & Geogr. du Roy, pour le Dauphiné.

Jean Vanden Eijnde Graveur, pour la Principauté de Dombes.

Ant. Jean Fayan, pour le Limouſin, à Tours en 1594.

Abraham Faber Conſul Metenſis, pour le païs Meſſin.

Henry Hondius, pour le Nivernois & la Normandie

Evert Sijmons & Hamers Veldt inciſor, pour Orange.

Pierre Roger Poitevin, Conſeiller du Roy, pour le Poitou, à Tours.

Jean Jubrien Chalonnois, pour le Dioceſe de Rheims.

St Clair Ingenieur du Roy, pour les Iſles de Ste Marguerite & S. Honorat.

Guill, Blaeu, pour Sedan.

Iſaaccus

Isaacus Francus Regius Edilis, & Maistre des Eaux &
Forests, pour la Touraine, 1592.

Le sieur du Bas, pour la Vicomté de Turenne.

Il y a aussi les petites Cartes de France de Nicolas Tassin
Geographe du Roy au nombre de 424.

G. Cloche a gravé le Portrait de la Ville de Renes en 1616.

Il y a en tout dans ce volume 497 pieces.

CCXXXIV. LES VILLES ET CHASTEAUX

De France par C. Chastillon, J. Boisseau, Melchior Tavernier, Matth. Merian, Israël, J. Poinsart. Ce livre
contient en tout 455 pieces.

CCXXXV. L'EMPIRE ROMAIN.

Ce volume est composé de Cartes, figures, Medailles,
& autres pieces de divers Auteurs. Il y a en tout 1028 pieces.

CCXXXVI. LES QUATRE MONARCHIES.

Dont le sujet a esté changé en pieces de divers Auteurs,
lesquelles en approchent toutefois au nombre de 730.

CCXXXVII CCXXXVIII CCXXXIX & CCXXXX.

JACQUES ANDROÜET DU CERCEAU.

L'œuvre de ce Maistre Architecte & l'un des plus fameux de son temps, consiste en 4 volumes, le premier desquels est des plus excellens Bastiments de France. Ce livre
imprimé à Paris par le mesme Auteur en 1576 auquel sont
adjoutez d'autres dessins de Bastiments par le mesme, &
contient 193 pieces.

Le 2 volume consiste en 622 pieces de cartouches, fleurons
& autres pieces de Menuiserie decoupées, de termes, de pilla-
stres, de trophées, moresques, grotesques, frises compo-
sées, en vases, coupes fermées, bas reliefs, enchasseures de
diamants & autres pierreries, clefs, serrures, enseignes de
maisons, marteaux, broderie, émailleure, compartiments
& plafons. Il y a aussi l'histoire de Psiché apres Raphaël,
deux pieces de fables d'Amour, une pomone, sept figures de
gens vestus à la mode de la Cour d'Henry III. des statuës
dans des niches & des figures emblematiques.

Le 3 volume est de 261 pieces, d'Edifices antiques de Rome, de Ruines, de pieces d'Architecture en perspective, dans
des ronds, de platfonds ornez de representations maritimes,
de compartiments de jardinages, de cheminées, fenestra-
ges, portes, buffets, tables, chalits, chaires, fontaines,

P

puits, epitaphes & tombeaux.

Le 4 volume eſt de 307 pieces, de leçons, de perſpective poſitive, dont il y a un livre entier imprimé à Paris chez Mamert Patiſſon en 1576.

Un autre livre de baſtiments avec leur plan, des ruïnes d'anciens Edifices, des Temples & des monuments antiques. Un ſecond livre d'Architecture, un autre de portiques & d'Arcs triomphaux, un autre de petits Temples, & d'autres Edifices, des domes, des fontaines, la grande ſale du Palais de Paris avant qu'elle fuſt bruſlée, & la façade d'un Palais. C'eſt en tout 1386 pieces.

CCXLI. ROME ANTIQUE ET MODERNE,

De divers Auteurs, Giles de Boüillon, pour la carte de l'ancien Latium.

Sebaſtianus à Regibus Clodienſis, pour la carte de Rome avec ſes Forts.

Nicolas Beatrice, pour une autre Rome.

Pyrrus Ligorrius, Neapolitanus, pour un autre Rome en 1552.

Franciſcus Hogembertius apres Abraham Ortelius, pour la carte de l'Empire Romain, 1571.

Jacobus Laurus Romain, pour le livre intitulé, *Anti-qua Romæ ſplendor*, &c. en 1612.

C'eſt la Rome antique, contenant pluſieurs parties.

Giles Sadeler, pour ſon livre des ruïnes de Rome, 1606.

Henricus Clivenſis, & Phil. Galle, pour un livre de Ruïnes.

Adrian Colar apres le meſme Henry de Cleves, pour des Ruïnes.

Gio Batt. Mercati, pour des veuës & des perſpectives de lieux inhabitez à Rome.

Guill. Van Nieuland, pour ſon livre de Ruïnes de Rome.

Philippe Galle apres Martin Hemskerc, pour des Ruï-nes.

Iſraël Sylveſtre, pour des vuës de Rome.

Jacques Androüet du Cerceau, pour des ruïnes de Rome.

François Villamene apres Joſepin, ventura ſalimbene.

Joannes Lutma junior, pour les Obeliſques. Il y a en tout 529 figures.

CCXLII. jusques en CCXLVIII.

Sept grands volumes d'Architecture, le premier desquels est de Samuel Marolois, contenant 278 pieces, qui sont toutes les œuvres Mathematiques de cét Auteur, où il traite de la Geometrie perspective, de l'Architecture & de la fortification. Là sont joints les fondements de la perspective & de l'Architecture de J. Vredman Vriese. Ce livre imprimé à la Haye chez Henry Hondius & Jean Janssonius en 1614.

Le 2 volume d'Architure est de 406 pieces de Giacomo Barozzio da Vignola, pour son livre des Regles des cinq ordres d'Architecture, avec une augmentation nouvelle de Michel Ange Bonarote, imprimé en 3 langues à Amstredam chez Jean & Corneille Blaeu en 1640.

Le Vignole, c'est à dire, André Vignole fameux Architecte, pour un livre de 45 pieces gravées par Matthieu Greuter.

Bastiano Fulli Pictor Sanese.

Joan de Santen Architetto Romano.

Paulus Van Vianen Peintre M. H. Kayser Inventor, Voëtmaët: Pierre Vincke Boons Inv. le Sy de Broos Inventor.

Vincenzo Scamozzi Architetto Veneto, pour son livre de l'idée de l'Architecture universelle, imprimé à Venise en 1615.

Claude Savary à Lion, pour cinq pieces des 5 ordres d'Architecture.

Jean Marot, pour un livre d'Architecture.

Pierre Collot Architecte, pour un livre d'Architecture imprimé chez Mich. Van Lochon en 1633, Antoine le Mercier.

Jean Vredeman Frison, pour son livre d'Architecture pris de Vitruve imprimé à Anvers en 1577.

Vindelinus Dieterlin Peintre de Strasbourg, pour son livre d'Architecture composite dordre Gottique en 1568.

B. Van Bassen, & C. Hoecgeest.

P. Nolpe apres J. V. Vulch.

Jean Fridman Frison, pour son liv. de perspective imprimé à Anvers en 1568.

Le 3 volume d'Architecture est de 360 pieces de divers Autheurs.

Marco Giovan Battista Montano Milanese, pour son livre de Tabernacles, lefquels il avoit inventez, & que Giovan Sovia Romain a mis en lumiere pour l'utilité des Peintres & des Sculpteurs en 1608 à Rome. Hierofme David en a gravé l'ouvrage.

Joannes Maggius, pour 12 facades d'Eglifes de Rome en 1609, & pour l'Eglife de S. Pierre en 1619.

Cherubin Albert apres Michel Ange, pour fes grandes voutes.

M. Jean Bapt. Montan Milanefe, pour fon livre intitulé, *Diverfi ornamenti capricciofi per difpofiti altari utiliffimi, a virtuofi, Da M. Giovan Batifta Montani Milanefe Intagliatore di ligniame tutti in luce da Gio Batifta Soria Romano in Roma* en 1625, contenant 42 pieces.

Un autre livre du mefme de 70 pieces intitulé, *Scieta di varij Tempietti antichi con le piante & Alzalte defignati in profpetiva in Roma*, en 1624.

Autre du mefme, pour des Temples & des fepultures en 1638.

Gio Batt. de Roffi, pour un livre de Palais de Rome en 1638.

Les Palais de Genes en 142 pieces.

Jaq. Callot, pour le parterre de Nanci.

VVenceflas Hollar, pour la bourfe de Londres.

Michel Colin, pour la Bourfe d'Amftredam, 1629.

H. Hondius, pour la Cour de Hollande, apres G. de Sain.

Le 4 volume d'Architecture de 412 pieces confifte aux œuvres des Maiftres nommez en fuitte.

Alexandre Francine Florentin Ingenieur du Roy, pour fon livre d'Architecture, contenant plufieurs portiques de diferentes inventions, imprimé à Paris chez Melchior Tavernier en 1631, & gravé par Abraham Boffe en 45 pieces.

Cæfar Dom, apres Lud. Sc.

F. Fulcarus, apres Giovan Batt. Montano Milanefe, & M. Ange Bonarote.

Horatio Perucci Pittore e Architetto Reggiano, pour fon livre de portes d'Architecture ruftique, mis en lumiere par fon fils Francefco, & imprimé chez Vittorio Serena en 1634, & gravé par Coriolano.

Jacques Androüet du Cerceau, pour fes livres d'Architectures en 1576.

Henry Hondius, pour son livre d'instruction en la science de perspective, imp. à la Haye en 1625.

Lorenzo Sirigalti Cavaliero, pour son livre de la pratique de perspective imp. à Venise en 1625.

Jean François Niceron, pour son livre de perspective obli-
que gravé par Jean Blanchin.

Le 5 volume d'Architecture de 503 pieces comprend quelques œuvres des Maistres suivants.

Joseph Boillot Langrois, pour son livre de Termes composez de figures d'animaux, imp. à Langres

François Langlois, pour un liv. de Termes d'Architecture.

Vreedman Vriese, pour son liv. de Termes, par Gerard
de Jode.

Roger Kaseman Aleman, pour son livre d'ornement d'Architecture.

Theodore Galle à Anvers pour un liv. de Trophées, par
Jean Vredman Vriese à Anvers.

Jacques Androüet du Cerceau, pour des Corcelets & des
trophées d'armes.

Jacques Mathan, pour un livre d'ornements apres l'antique.

Adam Phelippon Menuisier & Ingenieur ordinaire du
Roy, pour un livre d'ornements antiques & modernes, à
Paris 1645.

Polephilo Zancarli, pour 12 pieces de feüillages antiques
pour des Frises.

Jean Biria, pour une Grotesque.

Edvvard Peake, & Robert Peake, pour des ornements
de Frise, 1640.

Pierre l'Eveillé d'Orleans, pour des Frises antiques à
Rome.

Crispin de Passe, pour un livre de Menuiserie, à Amstredam en 1642.

Bernardino Radi Cortonese, pour un livre de dessins d'E-
pitaphes.

Jean Vredeman dit de Vriese, pour un livre de Menuiserie mis en lumiere par Ph. Galle.

J. Baret, pour un livre d'Architecture d'Autels & de cheminées, gravé par Abr. Bosse en 1633.

Antoine le Mercier apres P. Collo, pour un livre de cheminées chez M. Van Lochon.

Corijn Boël, pour un petit livre de quadres avec des Chapiteaux.

Valerianus Regnartius, apres Horatio Torriani Architecte du Roy d'Espagne.

Pieter de Gaifer 1622, apres Henry de Caifer.

Care Fontana Architetto 1591.

Antonio Gerardi.

Marcus Antonius Magnus Inventor.

Pierre Gentile, & Dominicus Parafaceni.

Giacomo de la Porta Architetto.

Hieronimus Rainaldus Inventor & Incifor.

Giovanni Flore apres Baftiano Fulli Senefe Pittore.

Le 6 volume d'Architecture eft de 246 pieces.

Antonio l'Abacco, pour fon livre de chofes appartenant à l'Architecture, & de quelques antiquitez Romaines, imprimé à Venife en 1584.

Jacomo Barozzio da Vignola, pour fon livre des cinq ordres d'Architecture imprimé à Rome, 1602.

G A. Pour fon livre d'Architecture de 33 pieces, fait à Rome en 1535.

Antoine Pierrets, pour fon livre d'Architecture de portes & cheminées, à Paris 1647.

Jean Marot, pour divers livres d'Architecture.

J. Vredeman Vriefe, pour un livre de perfpective d'Architecture en dedans.

Le mefme, pour un livre de diverfes Architecture, à Anvers chez Theod. Galle, 1601.

S. Maupin, pour l'Hoftel de Ville de Lion.

Vincent Juftinian fils de Jofeph 1630.

François Manfart, pour l'Eglife Sainte Marie, gr. par Pierrets.

J. Boudet Inventeur de pieces d'Architecture.

L'Efcurial d'Efpagne.

Le 7 volume d'Architecture de 437 pieces.

Jean Cotelle Peintre du Roy a fait un livre de divers ornements, pour des platfons, Cintres, & Galleries, le commencement en eft gravé par Fr. Poilli.

Antoine Pierrets, apres Maiftre Francifque, pour des feüillages d'Architecture, qui font à Fontainebleau, & pour d'autres ornements antiques.

Pierre Firens, pour des cartouches ou petits termes d'Architecture.

Jacques Honnervogt & Pierre Van Lochon, pour un livre pour un livre de Termes d'Animaux.

Dirck E Lons, pour des masques d'Architecture.

Harman Müller, apres Jacques Flore, pour des cartouches d'Architecture.

Jacques Stella Chevalier de l'Ordre de Saint Michel, pour ses livres d'ornements d'Architecture.

Gottifredus de Scaïcos, pour des Palais & Jardins d'Italie.

Bartholomeo Rossi Fiorentino, pour son livre intitulé, *Ornamenti de Fabriche Antichi & moderni dell' Alma Citta di Roma*, dessiné par Jean Majus Romain, en 1600.

Mario Cartaro, pour son livre de perspective diverse, à Rome en 1578.

Jean Jansson à Amstredam, pour un livre de perspective pratique, 1626.

Françoise Bauzonnet, pour des feüillages d'Architecture. En tout dans les 7 volumes 2642 pieces.

CCXLIX. CCL. & CCLI. Cartes Geographiques

De Nicolas Jansson distribuées en trois volumes, de la gravure d'Antoine de la Plaes, & quelques-unes apres Pierre Bertius.

Cornelis Danckers chez Melchiot Tavernier, & depuis chez Pierre Mariette, apres Cambdene Spede.

Pierre du Val.

Abraham Peyronnin Graveur. R. Cordier d'Abbeville Graveur.

J. Somer Graveur, Michel Van Lochon.

Jean Leger de la Fleche, Geographe pour l'Anjou.

Petrus Pronostes de Rheims, pour le Diocese d'Albi 1642, &c.

Le 1 volume contient 85 cartes, le 2, 86, & le 3 87.

Toutes lesquelles sont enluminées, à la reserve des 16 dernieres. Et le tout ensemble fait 258 Cartes.

CCLII. Crayons de l'Agneau.

Il y en a 192.

CCLIII. Villes

J'en ay recueilli 35 dans un grand porte-feüille, de celles qui sont en perspective de quatre ou cinq feüilles en largeur.

Londres, par Josse Hondius à Amstredam, 1620.

Cracovie, de Matthieu Merian 1626.

Nuremberg, de Petrus Kærius 1619.

Midelbourg, de Nicolas Jean Viſſcher 1619.

Anvers, de Jean Bapt. Vries, à Amſtredam chez Jean Janſſon. 1617.

Prague, de Philippe Vanden Boſſche 1618.

Hambourg, de Nicolas Joannides Piſcator 1626.

Majence, de Corneille Danckers à Amſtredam, 1643.

Olinde Fernamburg de Jean Blaeu, à Amſtredam 1643.

Magdeburg, de Jean Van Velde, chez ClaesJanſz Viſſcher 1637.

Deventer, de Jean Chriſtian Citoyen de Deventer, 1647.

Paris, de Franciſcus Hojanis à Amſtredam en 1619.

Bordeaux, de Corn Dankers à Amſtredam.

Cologne, de Nicolas Jean Viſſcher, 1638.

Bruxelles, de H. Verſtralen.

Amſtredam, de Guillaume Janſonius 1620.

Autre Amſtredam, de Henry Hondius 1637.

Francfort ſur le Mein, de Matth. Merian 1640.

Utrech, de Corn. Danckers, 1647.

Danzich, de Nicolas Peſcheur, 1626.

Copenhaghen, de Corneille Danckers 1645.

Francfort, ſur le Mein, de Jean Janſonius, 1624.

Augsbourg, de Jean Janſſen, 1619.

Straſbourg, de J. Janſſon 1618.

Cracovie, du meſme 1619.

Bologne, de Gio. Batt. Paganelli, apres Octavio Corradi.

Nantes, de Corneille Danckers, 1645.

Roüen, de Jean Janſen, 1631.

Tours, de Henry Hondius.

Abbeville, de H. Hondius, 1641.

Conſtantinople, de Nicolas Peſcheur, 1626.

Naples, de Nicolas Janſz Viſſcher, 1643.

Seville, du meſme, 1643.

Lisbonne, du meſme.

Veniſe, de Romboutus Hoëyus 1638.

Genes, de Nicolas Jean Janſſon Viſſcher, 1648.

Florence, du meſme 1643.

CCLIV. GRANDES VILLES.

Il n'y en a que 12 dans ce livre: mais elles ſont toutes

fort

fort grandes, de plusieurs feüilles chacune.

Gand, de H. Hondius.

Florence, de D. Stephani.

Naples, de Alessandro Baratta.

Maroch, de Adrian Mathan.

Genoa, di Giovanni Orlandi Romano 1637.

Pragues, de Giles Sadeler.

Bologne, de Floriano dal Buono Bolognese, 1636.

La Haye, de Nicolas de Clerck, & de Jean Van Lon-
derseel, chez Jean Jansron à Amstredam en 1616.

Cologne, de Henry Hondius.

Jerusalem, de Ceseri Chaparnicha à Rome.

Jean Blaeu, pour la ville d'Edembourg.

Hambourg, de Arnoldus Petersen.

CCLV. & CCLVI. ROME.

C'est à dire, les Portraits de la Ville de Rome, & des
principales pieces qui y sont en deux volumes, le 1 contenant les Portraits de la Ville en plusieurs feüilles.

Roma antiqua, de Jacobus Bassius Flamen, à Rome pour
Michel & François Tramezini en 1561, depuis pour Jean
Bat de Rossi.   [Vacherie à Rome.

Autre d'Estienne du Perac en 1574, pour Laurent de la
Rome, de Francesco de Paoli.

Rome, d'Antoine Tempeste.

Rome de J. Bapt. de Rossi 1640.

L'elevation de l'Obelique par Dominique Fontane, l'E-
stampe en a esté dessinée par Jean Guerra de Modena.

Rome d'Israël Sylvestre, & de J. Boisseau.

Le Vatican, en plusieurs feüilles, par Christofle Rucca
Gardien des Jardins du Vatican, imp. chez Jacques Mas-
cardi, en 1615.

Caprarole de Jacques Barocci da Vignola.

Le Capitole de Rome, par C. Buirette le jeune, en plusieurs pieces.

Le Palais d'Alfonse II. Duc de Ferare par Dominico The-
baldo Bononiensi en 1566.

Palais de Naples de Dominique Fontane. Il n'y a que 20
pieces dans ce 1 Volume.

Le 2 en contient 71, pour les Eglises, les Palais, & quelques autres singularitez, apres le Bramante fameux Architecte, Antonio Sangalo Fiorentino Archit. M. Ange Bo-

Q

narote, Giacomo da Vignola : Sangalo, Pietro Ferretio
Pitt. & Arch. Hieronimo Rainaldi Archit. Paolo Maroſ-
celli Romano Arch. en 1642. Annibal Lippi Pitt. Romano,
Martino Lunghi ; il Vecchio de S. S. Borgheſi Archit. Bramante da Urbino, Giacomo de la Porta Romano Arch.
1575. Baltazarre Peruzzi da Siena 1532. Antonio da San-
gallo Arch. Giulio Mazzoni Piacentino Pittore, Scultore
e Architt. 1565. Raphaël d'Urbin 1515. Bartolomeo Aman-
nat Scultore & Architeto Fiorentino. P. Dominico Pacca-
nelli da Faenza Mathematico & Arch. Baldazarre Perucci
da Siena Pittore & Geometra. Pietro Ligorio famoſiſſimo
Pittore & Antiquario Nobile Napolitano 1560. Martino
Lunghi il Vecchio. Giacomo del Duca Siciliano famoſo
Scultore. El Cavalier Domenico Fontana, Giacomo Baroz-
zi da Vignola celebre Architetto & Pittore. Bartholomeo
Ammanati Scultore & Architetto Fiorentino , 1564. El
Marcheſe Gio Battiſta Muti.

Nicolas Van Aelſt , pour les Egliſes de Rome en 1600.

Joannes Maggius Romanus pour les Egliſes de Rome avec
les tableaux des Autels.

Jacobus de la Porta Inventeur du pavé de la Chapelle Gre-
gorienne en 1580, avec le dedans de la Chapelle.

Les 6 grandes Voutes de M. Ange , par G. Mantuan.

Le Chevalier C. Rainaldo, pour le deſſin de la place del
populo ſous Alexandre 7.

Joannes Lutma Junior pour le deſſin de l'Eſquille qui eſt
à Rome. Il y a en tout 91 pieces.

CCLVII. PARIS ET QUELQUES AUTRES VILLES,
en grand.

Paris en bois, dés le temps du Roy Louys XII.

Corn. Danckers, pour le Chaſteau & les jardins de S.
Germain en Laye.　　　　　　　　　　　　　　　[1625.

S. Maupin & D. V. Veltem, pour la ville de Lion en
Le meſme ſieur Maupin Voyer de Lion a deſſiné la Maiſon de Ville de Lion.

Nicolas Auroux l'a auſſi gravée.

Mauperché, pour le Chaſteau & les jardinages de Liancour.

Odoricus Alciſius Septempedanus Picenus , pour Avignon.

Hugues Picard, apres Jacques Cellier pour Rheims.

J. Poinſard, pour Geneve en 1540.

Le Sr du Carlo Ingenieur & Geographe du Roy, par Melchior Tavernier pour la Rochelle en 1628.

Edme Moreau, pour l'Egliſe des Jeſuites de la ruë S. Antoine de Paris 1647.

Jacques Gomboud Ingenieur ordinaire du Roy, pour la ville de Roüen.

Petrus Huyſſens de Brüges Jeſuiſte Architecte, pour l'Egliſe des Jeſuiſtes d'Anvers, l'Eſtampe gravée & deſſinée par Jean de la Barre Peintre ſur le verre.

Batavie en 4 feüilles 1650. En tout 23 pieces.

Iſraël Sylveſtre, pour Lion, & Frejus.

J. Boiſſeau, pour Jeruſalem.

CCLVIII TABLES GEOGRAPHIQUES
Et Philoſophiques, les premieres gravées ápres Nicolas Sanſon au nombre de 68, & les autres eſcrites à la main, comme ſi elles eſtoient imprimées en double feüille, au nombre de 19, avec un cayer inſtructif ſur ces ſortes de matieres. En tout 84 pieces.

CCLIX. CARTES DE ROYS ET PRINCES,
Et perſonnages illuſtres, ſuivant l'ordre des temps, en 28 pieces de doubles feüilles avec les ecrits.

CCLX. CARTES GENEALOGIQUES ET CHRONOLOGIQUES,
Et autres grandes pieces, avec un livre manuſcript des Eveſchez de Bretagne, neuf pieces en tout avec la grande Theſe de Mellan.

CCLXI. GRANDES PIECES
De Jean Couſin, de Phil. Thomaſſin en 1602, de M. Moſin apres C. Erar, Auguſtin Carrache, Jean Baptiſte Ricci Novarienſis gravé par Phil. Thomaſſin, onze pieces en tout.

CCLXII. LIVRE D'ARCHITECTURE ET DE MAGNIFICENCES.
Jacobus de Campen Seigneur de Randebrock, appellé Architecte incomparable, pour ſon livre des beaux Edifices, qui ſont à Amſtredam, par Danckers, en 1661.

Un livre en Aleman, des ceremonies qui ſe firent à l'election de l'Empereur Leopol par Gaſpar Merian.

Autre livre de la guerre Belgique, par Famianus Strada, les figures gravées par Guill. Baur. Il y a dans tout ce volume 70 figures.

CCLXIII. Pieces Curieuses et Singulieres
De divers Maiſtres, ſelon la penſée de la Magdalena, par
Marc Antoine, & autres, leſquels n'ont pas marqué leur
nom. Il y en a en tout 50.

CCLXIV. & **CCLXV.** Villes, Sieges, Combats,
Et places de guerre deſſinées par le ſieur de Beaulieu Ingenieur & Geographe du Roy, & gravées par Nicolas Cochin, diſtribuées en deux volumes au nombre de 42. En
tout 85 pieces.

CCLXVI. Les trois grands Sieges
De Jacques Calot.

CCLXVII. Soutman.
L'œuvre que j'ay recueillie de Pierre Soutman eſt de 89
pieces, & conſiſte principalement en grands Portraits qu'il
a gravez en eau forte apres ſon propre deſſin.

Il a fait auſſi en grand les images des Illuſtres Saints des
Païs-Bas, en 1650.

Une piece apres Raphaël d'Urbin, une autre apres Leonard del Vins.

Il a fait auſſi des Portraits des Ducs de Bourgongne apres
Jean Van Eych, & P. Van Sompel a gravé apres luy, auſſi
bien que J. Suyderhoeſt, J. Louïs, Corneille Viſcher.

Il en a fait apres le Titien, P. Paul Rubens, Ant. Vandick, G. Hondtorſt, A. Grebber, Adam Elshamer.

CCLXVIII. Copies de Lucas et d'Albert,
Entre leſquelles de Lucas, il y a quelques pieces originales, & d'autres qui ont eſté gravées apres ſes deſſeins. Les
copies de Lucas ſont pour la pluſpart d'Herman Muller : Et
de celles d'Albert, il y en a du Maiſtre aux Chandeliers, &
de Hieroſme VVirix. En tout 115.

CCLXIX. Portraits
De Pierre Daret, & de Baltazar Moncornet, au deſſous
deſquels les eloges de la vie ſont eſcrits, au nombre de 265.

CCLXX. Anatomie.
Un livre intitulé, *Pinax Mocrocoſmographicus, in quo cer-
tiſſimum Anatomiæ Compendium proponitur, authore Stephano Michaele Spachero Tirolenſi artificioſe ſculptus à Cornelio
Danthero,* à Amſtredam 1634.

Autres pieces d'Anatomies gravées par divers Maiſtres, J.
Blanchin

Autre livre d'anatomie intitulé, *Andreæ Veſali Bruxellen-*

sis Medicorum Patavinæ Schola Professoris, suorum de humani corporis fabrica librorum Epitome: imprimé à Basle, où se voit le Portrait de l'Auteur, qui fait une dissection dans une excellente figure en bois, & en suitte à la fin du 6 Chapitre, où il est representé à l'âge de 28 ans en 1542 d'un Maistre qui ne marque point son nom. Et les figures anatomiques sont aussi en bois.

A ces figures en sont ajoutées d'autres d'une gravure fine aussi en bois de l'année 1533, sans nom d'Autheur. Il y en a 58, quelques-unes marquées par une Croix de Loraine. C'est en tout 80 figures.

CCLXXI. P. PAUL RUBENS.

Il a deja esté fait mention de cét Autheur, & c'est icy la seconde partie de l'œuvre de cét excellent Peintre, où il y a 85 pieces.

CCLXXII. JEAN BOULLANGER.

Ce que j'ay recueilli de l'œuvre de ce Graveur consiste en 69 pieces, qu'il a faites, partie de son invention, & partie apres N. Loyr, S. Villeguin, Jean François Cordelier, le Fevre, Alb Flamen, Georges Perroteau Cordelier, Philippe Champagne, Gribelin, François Chauveau, Ch. le Brun, S. Voüet, François Tortebat, Jacques Stella, J. le Blond, P. Mignar, S. François de Tours, le Valentin, L. Baugin.

NICOLAS REGNESSON,

Graveur considerable de la ville de Rheims, & beau-frere de Robert Nanteüil, a fait plusieurs pieces de son invention, & il en a gravé d'autres apres Jacques Stella, Ph. Champagne, Fr. Chauveau, les Baubruns, Moilon, J. Hilart, C. le Brun, J. Rodolphe. Il y a 77 pieces.

JEAN L'ENFANT

D'Abbeville, Disciple de Claude Melan, a gravé aussi plusieurs pieces qu'il a faites de son invention, ou apres les dessins de Nicolas de la Fage, le Guide, N. Blasset Architecte, J. Dieu, C. le Fevre, Verspronck, L. Ferdinand, Ch. le Brun, B. D. Ponchel, Raphaël d'Urbin, N. Loyr, Frere Luc Recolet, P. Facin, Carrache, H. Van Balen, Fridio, Simon Voüet, Fr. Chauveau, de la Mare, Annibal Carrache, Alexander Casolanus, Jean de Gaudebout d'Abbeville Geographe & Mathematicien du Roy en 1659, aagé de 38 ans. Il y a 118 pieces

C'est dans tout de volume 264 pieces.

CCLXXIII. François Poilli

D'Abbeville, qui travaille aujourd'huy avec beaucoup de succez, a fait plusieurs choses de son invention, & en a fait aussi quelques-unes apres les dessins du Chevalier Jean Laurent Bernini, du Guide, de Charles le Brun, de Simon François, de Sebastien Bourdon, de Raphaël d'Urbin, de Joseph de Ribera dit l'Hespagnolet, de Michel Corneille, de P. Mignar, de Ph. Champagne, L. Baugin, Jacques Blanchar, Jacques Stella, J. Cotelle, J. Nocret, Louys Ferdinand, François Romanelle, Jean Baptiste Champagne, Salvator Rosa, C. Maratti, & Alphonse Fraxinet. Il y a en tout 130 pieces.

CCLXXIV. Nicolas Poilli.

Celuy-cy, frere de François Poilli, est aussi un fort bon Graveur en taille douce, & n'a pas seulement fait des pieces de son invention, mais il en a fait encore plusieurs apres Ph. Champagne, Nicolas Mignar, C. le Fevre, Lens, Stresor, le Pere Georges Cordelier, le Guide, Jacques Stella, F. Romanelle, M. Corneille, Fr. Chauveau. Il y en a icy 63. pieces.

CCLXXV. Robert Nanteüil,

De la Ville de Rheims, qui s'est acquis, par l'excellence de son burin, & par sa suffisance, toute la reputation que chacun sçait qu'il a meritée. Il a fait plusieurs Portraits de son pur dessin, & en a gravé aussi quelques-uns apres Fr. Chauveau, Ph. Champagne, N. & Pierre Mignard, Ch. le Brun, J. Nocret, F. Cabouret, S. Bourdon, Juste d'Egmont, Ferdinand, Van mol, le Pere Antonin, les Baubruns, Jean Daret, & Dieu. Il y a icy en tout de luy 181 pieces.

CCLXXVI. Le livre de l'Entre'e du Roy

A Paris avec la Reyne son Epouse le 26 d'Aoust de l'année 1660, & imprimé à Paris en 1662, lequel est enrichi de figures de Fr. Chauveau, de Jean Marot, & de Nicolas Cochin. Il y en a 22.

CCLXXVII. Les vieux Maistres.

CE Volume de vieux Maistres consiste en 478 pieces, plusieurs desquelles n'ont ni marque ni nom, par où ils se peussent reconnoistre, & de plusieurs encore dont nous avons les marques, les noms sont inconnus. Il y en a donc icy jusques à 32 Maistres differents.

Donati Rasciotti. Un Maistre qui a quelque chose de la maniere de Maistre Roux, pour un Alphabet figuré.

Il y en a aussi un autre sans nom, fort ancien, pour des lettres figurées de l'Alphabet.

Noël Garnier, pour un autre Alphabet, & pour d'autres pieces grotesques.

N. M : Nicolo Romano : D. MAR. V: AB: E: Guerino dit Meschi : Bosche, & autres sans nom, 231 pieces.

Pierre Huijs : B, M. & un autre encore dont la marque se mettra ailleurs. 51 pieces.

Jules & Dominique Campagnole en 1507, & 1517. 31 pieces.

Nicolas de Modene, & autres Maistres, qui marquent leurs noms par des chiffres que nous ferons graver. En tout 458 pieces.

CCLXXVIII. Martin Chon Maistre d'Albert, Sans aucun datte, qui marque ainsi son nom avec une M antique, une croix cintrée par le bas, & une S. Mattheus Zagel, dont le chifre est d'une M & du Z antique.

Un autre qui marque ainsi le sien par un Z antique, & par un A, & des Maistre au Nom de Jesus, ont fait plusieurs pieces tres-rares, que j'ay recueillies dans ce volume au nombre de 213.

CCLXXIX. Israël Van Meck Boeckolt.

Nicoletto, ou Nicolo da Modena en 1512.

Perjeconter en 1539, dont la marque est composée d'une S & d'un P.

J. F. Orfevre Florentin.

Le Doino.

Jean Antoine de Bresse en 1507. JO. AN. BX.

Frere Jean Marie de Bresse Carme, en 1502.

Et le Micarino, ont fait aussi plusieurs pieces anciennes dans ce volume au nombre de 391 pieces.

CCLXXX. Le Maistre à l'Estoille.

Geofroy du Montier.

Joannes Duvet dit le Maistre à la Licorne.

Le Maistre au nom de Jesus.

Baltazar Scheman.

Rambout Vanden Hoye.

T. Cockſonus Viſchem , le Maiſtre qui compoſe ſon chiffre par une H , un C & une F.

Les Maiſtres aux Chandeliers.

Jean Holbein.

Deſſins de Len Chin de l'an 1525 , leſquels ſont tres-conſiderables , & autres pieces de Benedette Montagne , & de vieux Maiſtres ſans nom , leſquelles ſe trouvent rarement au nombre de 310.

CCLXXXI. LES MAISTRES AUX CHANDELIERS,

C'eſt à dire, D. Hopfer, Hieroſme & Lambert Hopfer, qui marquent leur nom avec un chandelier.

Philippus Adler Patricius en 1518.

Z. VVott : VVA :

N H xxiiij. Hieronymus Mocetus , & MAÏR en 1499 Ont fait pluſieurs pieces , leſquelles ſont maintenant tres-rares , & qui ſe trouvent dans ce volume d'une beauté ſinguliere au nombre de 281.

CCLXXXII. ROBETTA.

Le Maiſtre à l'Oiſeau.

Le Maiſtre au Caducée.

Guereverdinus & HCF.

Dorich Van Staren , qui eſt le Maiſtre à l'Eſtoille , &

Le Maiſtre à l'Eſcrevice,

Ont fait auſſi pluſieurs pieces recueillies dans ce volume, leſquelles ſont toutes rares & cheres, excepté celles de Guereverdinus, qui ſont en petit nombre, & le tout ſe monte à 229 pieces.

CCLXXXIII. LUCAS CRANIS,

Et un autre Maiſtre en Bois , qui marque ſon nom par un j, deux V renverſez ſur un autre droit , & un A Gottique, ont fait pluſieurs pieces, dont il y en a plus de la moitié tres-rares, au nombre de 316.

CCLXXXIV. STOLTZHIRS,

Le Maiſtre à l'Eſcreviſſe, le Maiſtre à l'A briſé, celuy des deux HH & d'une troiſieſme diviſée, au deſſous de laquelle eſt un dard, celuy de l'S qui s'entrecoupe avec un T, un autre qui joint une F avec une M, le Maiſtre aux Paelles croiſées, aux beſches miſes en bande, celuy qui porte une H antique, avec une S, celuy du P S, celuy de l'A & de l'L dans un V, le Maiſtre à la dague, celuy des deux VV

l'un

l'un dans l'autre avec une H, & Lucas Cangiage. Tout
cela en eau forte, & en bois, toutes pieces aſſez rares au
nombre de 444.

CCLXXXV. VIEUX MAISTRES EN BOIS, Tome 2,

Dont les noms ſont marquez par le C & l'S dans une H,
ou dans un V par un A briſé, & par deux A Gottiques l'un
dans l'autre.

François Van VVeije, & autres, au nombre de 508
pieces.

CCLXXXVI. PIECES SANS MARQUE, SANS DATTE,

Et ſans nom de Maiſtre, & outre celles-là, des pieces
de Hans Breſank, Hans Baldung, & Hans Burgkmair,
marquées par des caracteres ſinguliers.

D'autres marquées par un C, & par une croſſe croiſée.

Jacques Kerver.

J. R. Jean Major ECKIUS, RVV. P E.

Melchior Lorichius, ML.

Joſt Amman.

MB. & HL. & autres.

De tous lesquels j'ay recueilli 598 pieces dans ce volume.

CCLXXXVII. JACOB BINCKS ET

Holbeins, qui marquent leurs noms par des caracteres
antiques, I. B. & H. C. contenant 385 pieces.

CCLXXXVIII. UN LIVRE DE 38 VIEUX MAISTRES,

Du nombre de ceux qu'on appelle petits Maiſtres, où il
y en a de Cor Met, & les autres ne marquent leurs noms
que Par des caracteres antiques & bizarres, dont les figures
ſe verront autre part.

Là eſt celuy qu'on appelle le petit Albert, c'eſt Andreas
Andreaſſi de Mantouë. De tous leſquels vieux Maiſtres j'ay
recueilli dans ce volume 507 pieces.

CCLXXXIX. UN LIVRE DE 122 VIEUX MAISTRES,

Dont au moins tous les noms ſont marquez par autant de
caracteres differents, entre leſquels ſont le Maiſtre au Pot,
celuy qu'on appelle à la Ratiere, le Maiſtre à la Sauterelle,
celuy au Compas, le Maiſtre au Boiſſeau, au Nom de Jeſus, à la chauſſe trappe, & outre ceux-là, Hans Broſa-
mer, Na-dat qui eſt la ſouriſſiere, Cormet, Abraham de
Bruyn, Pierre Huijs, Jean Kelertaler, Melchiſedeck Van
Hoeren, Hans Van Culmach, Gabriel Schulſſelberger, J.
de Mer, Hans Lisfrinck. De tous leſquels Maiſtres j'ay

R

recueilli dans ce volume 454 pieces.

CCXC. VIEUX MAISTRES EN BOIS,

Dont quelques-uns sont tres-rares, & la plufpart n'ont ni nom, ni chiffre, ni datte, excepté celuy qui marque ainfi fes pieces, VG. Ce volume de 236 pieces.

CCXCI. VIEUX MAISTRES. Et entre autres

Celuy qui marque fes pieces par un Navire. Il y en a de P. Voëriot, d'Ifraël Van meck, de Martin Chon, & autres anciens Graveurs & Deffinateurs au nombre de 176.

CCXCII. jufques à CCXCV.

Quatre volumes d'ouvrages en bois d'anciens Maiftres d'Italie, d'Alemagne & de France, fans nom, fans datte & fans chiffre, le premier volume contenant 276 pieces.

Le fecond d'un Maiftre d'Alemagne, de l'année 1548, contenant 168 pieces.

Le 3. d'autres Maiftres d'Alemagne, où il y a des figures d'Holbeins contenant 132 pieces.

Le 4. de Maiftres de France, où il y a des copies de la vie de la Vierge d'Albert en bois, contenant 91 pieces.

Le tout enfemble faifant le nombre de 667 pieces.

CCXCVI. & CCXCVII.

Deux livres de Tournois en Aleman, l'un en vers & l'autre en profe, l'un & l'autre tres-rares, contenant deux cent figures en bois fort bien deffinées : le premier livre intitulé, *Les faits & geftes de l'avantureux Heros & Chevalier Teuvrancks*, 200 pieces.

CCXCVIII. & CCXCIX.

Deux livres d'Architecture, l'un en bois & l'autre gravé à l'eau forte. Le premier contenant 58 figures, & le fecond qui porte pour titre : *Le Gouvernail d'Ambroife Bachet Capitaine Ingenieur du Roy, pour conduire le curieux de Geometrie en perfpective, dans l'Architecture des fortifications, machines de guerre, & plufieurs autres particularitez*, imprimé à Melun en 1598, il contient plus de 100 figures. En tout 158 pieces.

CCC. jufques à CCCIV.

Cinq volumes d'Architecture, les deux premiers par Philbert de Lorme Lionnois Architecte, Confeiller & Aumonier ordinaire du Roy Henry II. & Abbé de S. Eloy les Noyon & depuis Abbé de S. Serge d'Angers. Le premier volume imprimé à Paris chez Frederic Morel en 1561. Et le second au mesme lieu en 1567. l'un & l'autre contenant diverses figures en bois.

Le 3 volume de Sebastiano Serlio Bolognese, traduit par Jean Martin, Secretaire de Monsieur le Cardinal de Lenoncourt, imprimé à Paris chez Michel Vascosan en 1547, contenant plusieurs figures en bois.

Le 4 volume est des Regles generales de l'Architecture sur les cinq manieres d'Edifices selon Vitruve, de Sebastien Serlio. Là mesme sont adjoutées les corniches de Jacques Androüet du Cerceau.

Le 5 volume est d'André Palladio, mis en François, ensuitte dequoy est adjouté un traité de cinq ordres d'Architecture, il est parlé des constructions des maisons particulieres, des grands chemins, des ponts, des places publiques, de Xystes, des Basiliques, & des Temples. Ce livre imprimé à Paris chez Edme Martin en 1650, contenant plusieurs figures en bois.

CCCV. VITRUVE.

Les dix livres d'Architecture de Lucius Vitruvius traduit du Latin en Italien avec des Commentaires & des figures, par Cesar Cesariano Citadin de Milan, & Professeur en Architecture, avec le Commentaire de Dom Augustino Gallo *Citadino Comense e regio Referendario in epsa Citate, & del nobile D. Alvisio da Pirovano patricio Milanese*, dedié au Roy de France François I, & imprimé en 1515.

CCCVI. VITRUVE.

Marc Vitruve Pollion Autheur Romain antique, traduit en François par Jean Martin Secretaire de Monsieur le Cardinal de Lenoncourt, dedié au Roy Henry II, & imprimé à Paris en 1572. Ce volume enrichi de plusieurs figures en bois.

CCCVII. ARCHITECTURE.

Traité de l'Architecture suivant Vitruve, dont les figures ont esté dessinées par Maistre Jean Mauclerc sieur du Ligneron Mauclerc, où ont esté adjoutées les diverses mesures & proportions des fameux Architectes le Scamozzi, le Paladio, & Vignole, mis en lumiere par Pierre Daret Graveur du Roy, imprimé à Paris chez le mesme Daret en 1648.

CCCVIII. LE VIGNOLO.

Les regles des cinq ordres d'Architecture par Mre Jacques

Barozio de Vignolo d'une nouvelle traduction, à Paris chez Pierre Mariette en 1635. contenant plusieurs figures.

CCCIX. LE MUET,

La maniere de bien bastir pour toutes sortes de personnes par Pierre le Muet Architecte du Roy, & conducteur des dessins des fortifications en Picardie, livre imprimé à Paris chez François l'Anglois en 1647, contenant plusieurs figures.

CCCX DOMINIQUE FONTANE, Architecte du Pape.

Son livre de la transposition de l'Obelisque du Vatican pour le Pape Sixte V. livre imprimé à Rome en 1590, & gravé par Natalis Boniface da Sibenico, ce livre contenant 39 pieces.

CCCXI. SALOMON DE CAUS,

Ingenieur & Architecte de son Altesse Palatine Electoriale, a fait imprimer trois livres des Raisons des forces mouvantes, avec diverses machines utiles & plaisantes, où sont joints plusieurs dessins de grottes & de fontaines, & autres curiositez, où il a employé plusieurs figures, cet ouvrage imprimé à Francfort en 1615.

Dans ce mesme volume est aussi le Theatre des instruments Mathematiques & Mecaniques de Jacques Besson Dauphinois de Mathematicien, avec l'interpretation des figures par François Beroalde, livre imprimé à Lyon en 1578.

CCCXII. LEONARDO DA VINCI.

Traité de la Peinture de Leonard de Vinci, donné avec la vie de cet Autheur, par Raphaël du Fresne, avec le traité de la statuë de Jean Baptiste Albert Florentin, & la vie du mesme imprimée à Paris en 1651.

CCCXIII. POMPES FUNEBRES

De l'Empereur Charles V, & d'Albert Archiduc d'Austriche, dessinée par Jacques Francquart Architecte du Roy, & la vie de ce Prince escrite par Erric du Puy, à Bruxelles en 1623.

La pompe de Monsieur de Brederode, de Van Vianen en 1615.

Celle de Frederic second du nom Roy de Dannemarch, par François Hogembergius & Simon Novellan, en 1584. Ce livre est de 130 pieces.

CCCXIV. Pompe funebre du Pape Sixte V.
Scritta & dechiarata da Baldo Catani in Roma, Nella stamperia Vaticana en 1591. Ce livre orné de figures de Villamene de Theodore Creuger, apres J. Lanfranc.

CCCXV Onufrius Panvinius de Verone,
Pour son livre des jeux Circenses, & des triomphes, imprimé à Venise chez Jean Baptiste Ciottus de Sienne en 1600. Il contient 30 pieces.

CCCXXXVI. Divers Maistres,
Ou pieces de divers Maistres, dont quelques unes sont doubles de Suavius, & de Marc Geraerd.

Il y en a aussi de Jacques Calot, de Charles Bloemaert, de Guereverdinus, d'Aug. Carrache, & Jules Bonasone apres Raphaël; il y en a de Raphaël Sadeler le jeune, de Guill. Vallet apres Antoine Paillet : de S. Bourdon, de Jacques Stella, de M. Ange, de J. Saenredan apres Lucas Jacobus Picinus, le Chevalier Rodulphius, Dionisius Guerius en 1627, Bassunus apres Barth. Genovinus, Greg. de Grassi, G. Sadeler. Il y a en tout 222 pieces.

CCCXVII. & CCCXVIII. Diversitez d'Amours
et de Bacchanales.
Ces deux volumes sont composez de pieces de divers Maistres dans le premier, il y en a une seule de Fr. Chauveau, une autre de J. de Bie, le reste est de Saenredan apres Goltzius : de Jules Bonasone, de Cornelius, de J. du Broyes, du Valesio, de J. A. Sirano, de Michel Ange, de Georges Mantuan apres Lucas Penis, Corn. Cort apres Titien, H. Goltzius, P. Scalberge, Leon Daven apres S. Martin, Aug. Carrache, Virgilius Solis, Guereverdinus, Maistre Roux, Corneille Buz, Corneille Cornelis de Harlem, Tintoret, J. Fuller, Cl. Vignon, Odoard Fialetti. Il y a 157 pieces.

Le 2 volume en contient 222 de Caralius, J. F. Florentin Orfevre en 1542. Estienne de Laune, Jacques Calot, Jules Bonasone, Maistre Roux, Eneas Vicus, Jean Saenredan, Bolsuvvat apres Fr. Parmeson Titien, Silvestre de Ravenne, Bapt. Fontane, Raph. Sadeler, Jules Romain, Lucas Penes, P. Scalberge apres le Scivoli, Gio Andrea podestar, Jacques Mathan apres J. de Rotenhamer, Lucas Vostreman apres le Parmesan, le Maistre à l'Oiseau, Georges Mantuan, Q. Boel, Dominique Campagnole, N.

144   C A T A L O G U E

Mignard apres Annibal Carrache, Moyse, Pierre Scalberge, Raphaël d'Urbin, le Guide, Fr. Parmesan, J. Saenredan apres Goltzius, le Maistre au pot, Ant. Vandick.

Il y a dans ce Tome 222 pieces, & dans tous les deux 379 pieces.

CCCXIX. NICOLAS BRUYN.

C'est icy le recueil de la petite œuvre de ce Maistre, laquelle consiste en 123 pieces, lesquelles il a faites partie de son invention, & partie apres Martin de Vos, & une seule apres Raphaël, qui est la Sainte Cecile, à quoy j'ay adjouté la passion de Goltzius pour la conferer avec la sienne, ayant beaucoup de ressemblance l'une avec l'autre.

CCCXX LES MEDECINS.

Les Portraits des illustres Medecins avec des vers Latins au dessous de chaque figure. Il y a 53 pieces.

CCCXXI. jusques à CCCXXV.

Cinq volumes de diverses pieces doubles recueillies sur plusieurs sujets. Le premier de matieres saintes au nombre de 346.

Le 2 volume est de pieces melangées au nombre de 538.

Le 3 volume de pareils melanges est de 631 pieces rebutées de divers Maistres, tels que Jeronimus Formischneyder, Corneille Buz & autres.

Le 4 volume de diverses testes, medailles antiques & autres pieces melangées au nombre de 147, a esté composé d'Autheurs differents.

Le 5 volume est de pieces d'Architecture, & de quelques autres sujets de divers Maistres. Un livre d'Architecture Alleman de Jacob Suetheysen imprimé à Strasbourg en 1596. Les portiques de Jacques Androüet du Cerceau. Jacobus Jongelingius excellent Statuaire, qui vivoit en 1580, H. Goltzius, Virg. *Solis Aldegrave*, *&* autres. Il y a 181 pieces. Et dans tous les cinq volumes 1843 pieces.

CCCXXXI. SAINTS MARTYRS.

Ce volume contient divers livres d'images de SS. Martyrs.

Un livre intitulé, *Ecclesiæ militantis triumphi*, *&c.* imprimé à Rome en 1585, les pieces gravées par Jean Baptiste de Cavaleris, apres les Peintures de Nicolas Circinianus, lesquelles se voyent dans l'Eglise de Sainte Marie la Rotonde à Rome. Ce livre de 31 pieces.

Un livre intitulé, *Ecclesiæ militantis triumphi*, &c. imprimé à Rome chez Jean Orlandus en 1586 & gravé par Statius Flandrius en 31 pieces apres le mesme Nicolaus Circinianus.

Un autre livre intitulé, *Ecclesiæ Anglicanæ trophæa sive passiones Romæ in Collegio Anglicano per Nicolaum Circinianum depicta*, & imprimé à Rome en 1584, chez Bartholomeus Graslius, les figures gravées par Jean Baptiste de Cavallerijs, au nombre de 36 pieces.

Jacobus Laurus, pour un autre livre de SS. imprimé à Rome de 14 pieces. Il y en a aussi de singulieres de Camillus Graficus, d'Adrian Colart, de Venceslas Hollar, de Raphaël Schiaminose, de Corneille Galle, apres Lucas Ciamberlanus, de Gironima Piscina, pour un livre de Vierges Martyres de 21 pieces en 1613.

Autre livre de Vierges Martyres, d'Antoine Tempeste, de 73 pieces. Il y en a 4 du Guerchin, & encore 22 d'autres Maistres. En tout 258 pieces.

CCCXXVII. SAINTS DEBOUT,

De divers Maistres des Pays-Bas d'Abraham Diopenbeck par P. Pontius, de C. Van Queborem apres H. Van Balen, d'Alexandre Voët, apres Corn de Vos, de Corneille Galle apres E. Quellins, de P. Baliu, de Jacques Neefs apres Th. Van Tulden, de Conrad VVaumans apres Rubens, de Martin Borrekens apres P. Paul Rubens, de B. Bolsuvvert, de Corn. Galle le jeune, de Mich. Natalis, de Jean Thomas, d'Ant. Vandick de Pierre Van Avont. d'Arnoldus Loemans, de Gerard Segers de Ph. Fruiters, & de P. de Jode. Il y a 288 pieces.

CCCXXVIII. & CCCXXIX. MICHEL L'ASNE.

Ce sont les deuxiesme & troisiesme volumes de cet Autheur, dont il a esté parlé sous le nombre CXXVII.

CCCXXX. FRANÇOIS CHAUVEAU.

C'est icy le second volume des œuvres de ce Maistre dont il a esté parlé sous le nombre CXXXIII.

Il faut aussi ranger icy l'œuvre de Thomas de Leu.

CCCXXXI. jusques à CCCXXXIV. GOLTZIUS ET ANTONIUS AUGUSTINUS.

Les 3 premiers volumes sont de Hubert Goltzius, le premier, qui est des Medailles des Empereurs en clair obscur, avec l'histoire de leur vie en François de l'an 1557, & contient 134 pieces.

Le 2 volume eſt intitulé, *C. Iulius Cæſar*, *ſive hiſtoria Imperatorum Cæſarum Romanorum ex antiquis Numiſmatibus reſtituta*, *liber primus Huberto Goltzio Hebbypolita Venloniano Auctore & Sculptore*, imprimé à Bruges en 1563. Il y a 46 pieces en taille douce.

Le 3 volume eſt intitulé *Faſtos Magiſtratuum & triumphorum Romanorum ab urbe condita ad Auguſti obitum : ex antiquis monumentis reſtitutos*, *Hubertus Goltzius Herbipolita Venlouianus dedicavit* : imprimé à Bruges en 1566. Il contient 234 pieces.

Le 4 volume eſt intitulé, *Antonij Auguſtini Archiepiſcopi Taracon. Antiquitatum Romanorum & Hiſpanarum in nummis veterum dialogi XI latinè redditi ab Andrea Schoto Soc. Ieſ.* Les Images des monnoyes gravées par Jacques de Bie, & le livre imprimé à Anvers en 1617. Il y a 70 pieces. Ce ſont en tout 484 pieces.

CCCXXXV. & CCCXXXVI. Albert Durer.

Deux volumes d'Albert Durer, le premier intitulé : *Alberti Dureri clariſſimi Pictoris & Geometra de Symetria partium in rectis formis humanorum corporum libri in latinum converſi*, imprimé à Nuremberg aux deſpens de la veufve d'Albert en 1534, lequel Albert mourut le 6 jour d'Avril 1528, eſtant aagé de 57 ans. Ce livre contient 120 pieces taille de bois.

Le 2 volume intitulé, *Alberti Dureri inſtitutionum Geometricarum libri quatuor*, eſt imprimé à Arnhem dans le Duché de Gueldres chez Jean Janſon en 1606. & contient pluſieurs figures en bois.

CCCXXXVII. Les Plus belles villes du monde.

Les Portraits en ſont recueillis dans ce volume intitulé, *Le vere imagini & deſcritionis delle piu nobili citta del mundo*, imprimé à Veniſe chez Donatus Bertellus en 1569. Ce Recueil fait par Giulio Ballino, contient 71 pieces.

CCCXXXVIII. Epiſtres et Évangiles

en Italien avec des figures en bois, ce livre infol. imprimé à Veniſe en 1570. Il y a 141 figures tres-rares.

CCCXXXIX. Venize.

C'eſt à dire, les habits qui ſe portent à Veniſe, avec les feſtes & les ceremonies publiques de cette ville-là. Ce livre imprimé à Veniſe chez Giacomo Franco contient 19 figures.

CCCXL

CCCXL. TITE-LIVE ET FLORUS

En Aleman avec des figures imprimées à Strasbourg par Theodosius Rihelius en 1571, les figures exquises en bois au nombre de 116, quelques-unes desquelles portent la marque de Vischem.

CCCXLI LES HESPERIDES.

Ce volume porte pour titre : *Hesperides, sive de malorum Aureorum cultura & usu libri quatuor Io Baptista Ferrary Senensis e societate Iesu*, imprimé à Rome en 1646, & contient plusieurs figures de Fred. Greuter apres P. de Cortone, de Corneille Bloëmart apres François Albane, François Perier, Pierre Paul Ubaldin. Il y en a aussi de Camillus Cungius apres Philippe Gagliard, de Claude Goyrand, & quelques-unes apres Nicolas Poussin, Andrea Sacchi Romain, Dominico Zamperi, le Guide, & François Romanelle. En tout 90 pieces.

CCCXLII.

Magnificence pour l'entrée, la bienvenuë & les Nopces de la Serenissime Princesse Christine de Loraine Grand'Duchesse de Toscane. Ce livre en Italien imprimé à Florence en 1589, où il y a 61 figures de divers Maistres, lesquels sont nommez dans l'histoire des Peintres que j'ay dessin de mettre en lumiere, sçavoir Raphaël Gualderotti : Giovan Maria Butteri : Francesco Mati, Lorenzo Sciorini : Lodovico Gardi : Andrea Commodi : Alessandro Allori : Lorenzo di Berlincione : Gabrielo Ughi : Giovanni Antonio Dosi Architetto : Cosimo Gamberucci : Cosimo Dati : Valerio Marucelli : Giovanni Cosci : Domenico Passignani : Giovanni Cosci : Giovanni Caccini ; santi Titi. Architetto : Antonio Boschi : Goro Pagani : Andrea Boscoli : Gamillo Pai : Andrea Verrochi : Francesco Terzo : Simon da Poggibonzi : Stephano Pieri, Battista Lorenzi : Pietro Francavilla Statuario : Domenico Passignani : Giovanni Caccini : Gio Batta Paggi Gonovese Scultore : Taddeo Landini Scultore : Giovanni Strada Pittore : Girolamo Maccheti : Alessandro del Barbieri, Benedetto Velli : Valerio Cioli Scultore : Christophano de Braxiano Scultore : Lodovico Buti : Giovan Antonio Dosi Architetto : Bernardino Poggetti Pittore : Michel Agnolo Ciampanelli Pittore.

CCCXLIII. FRANÇOIS PETRARQUE,

Deux livres de François Petrarque, des remedes & de

S

conseils, dans les choses prosperes & dans les adversitez, traduit en Aleman avec des figures, & imprimé à Francfort sur le Mein, chez les heritiers de Christian Genolff en 1572. Il y a 177 pieces.

CCCXLIV. DEVISES.

Un livre intitulé, *Theatrum temporaneum æternitati Cæsaris Montij Cardinalis & Archiepiscopi Mediolanensis*, qui sont toutes devises sur les actions de la vie de ce Cardinal. Ce livre imprimé à Milan en 1636, & les figures gravées par Gio Paolo Bianchi à Milan, apres Riccius Taurinus il y en a 60.

CCCXLV. LE SERRURIER.

Un livre qui porte pour titre, *Le fidele Serrurier*, par Mathurin Jousse de la Fleche en 1627. Il y a 52 pieces gravées par l'Auteur du livre.

CCCXLVI. LA MAISON URSINE.

L'Histoire de la Maison Ursine par Francesco Sansovino, où il y a 16 Portraits des illustres de cette maison. Ce livre imprimé à Venise en 1565.

CCCXLVII. CCCXLVIII. & CCCXLIX. ENTRÉES DE VILLES.

Trois livres d'entrées de Villes, où il y a des figures. Le premier de Mr François Fils de France, Duc de Brabant, d'Anjou, d'Alençon & de Berry en sa ville d'Anvers en 1582, imprimé à Anvers chez Christofle Plantin, & contient 22 figures.

Le 2 est intitulé, *Le triomphe d'Anvers fait en la susception du Prince Philips Prince d'Espagne, Fils de l'Empereur Charles V, en l'année 1549*. Ce livre est traduit du Latin de Cornelius Grapheus, & contient 24 figures en bois bien gravées & bien dessinées.

Le 3 est le voyage du Roy à Metz, avec les signes de réjoüissance faits par ses Habitans, pour honorer l'entrée de Sa Majesté, c'est à dire, du Roy Henry IV par Abraham Fabert en 1610. Ce livre orné de 19 figures dessinées & gravées par Alexandre Vallée. En tout 65 figures d'entrées.

CCCL. LE SONGE DE POLIPHILE.

Ce livre imprimé à Paris par Jacques Kerver en 1561, contient 128 figures en bois du dessin de Raphaël d'Urbin.

CCCLI. & CCCLII. GUILLAUME DU CHOUL, Gentilhomme Lionnois, Conseiller du Roy, & Baillif

des Montagnes de Dauphiné, pour ses livres de la castrame-
tation & discipline militaire des Romains, & de la Religion des anciens Romains, imprimez à Lion chez Guill.
Roville en 1555 & 1556, où il y a 200 figures en bois fort
bien dessinées. Ces livres infol. & de la meilleure impression; car celle qui est in 4° n'a garde d'estre si bonne.

CCCLIII. Luckius.

Joannes Jacobus Luckius Argentorensis, pour son livre
de Medailles intitulé, *Sylloge Numismatum elegantio-
rum, qua diversi Imperatores, Reges, Principes, Comites,
Respublica diversas ob causas ab anno 1500 ad annum usque
1600 cudi fecerunt.* Ce livre imprimé à Strasbourg en 1620.
lequel est rempli de plus de 100 figures en taille douce gravées par F. B. de l'impression de Petter Aubry.

CCCLIV. Ædes Barbarinæ,

C'est à dire, la description du Palais des Barberins à Rome, imprimée à Rome en 1642, contenant 16 figures.

CCCLV. La Notice de l'Empire,

C'est à dire, *Notitia utriusque Imperij,* &c. imprimé à
Basle en 1552, avec des figures en bois.

CCCLVI. Petits Maistres en Bois.

CE sont plusieurs Maistres, Paul Perrot, J. A. P. Gabriel
Faërnus, Jean Aman H B. Jean Feyrabendt, Christofle
Vischem en 1530. Celuy qui marque son nom par ces parol-
les : *Quid vultis mihi dare,* P. V. Borcht, *Iean de Tournes* D.
B. C'est le petit Bernard, Hermannus Hugo & G. N. de
tous ceux-là nous avons icy recueilli 1175 pieces.

CCCLVII. Sadelerts.

Ce sont les petites pieces de tous les Sadelets, Jean, Raphaël, Gilles, le jeune Raphaël, & les autres. Il y en a
jusques au nombre de 580 apres divers Maistres, & de leur
propre invention.

CCCLVIII. Virgilius Solis.

Son œuvre en bois & en taille douce est fort nombreuse,
& il y a des pieces de luy fort rares entre ses dessins à la plume, j'en ay recueilli en tout 859

CCCLIX. Alde Grave.

L'œuvre de ce Maistre est exquise, & ce que j'en ay pû

ramasser est dans ce volume d'une fort grande beauté. Il y a
350 pieces.

CCCLX. GEORGE PENTS. HISBINS ET HOLBEINS.
L'œuvre de ces Maistres est aussi fort considerable, &
se trouvent dans ce volume d'une beauté singuliere. Il y en
a 476 pieces.

CCCLLI. LES PETITS MAISTRES.
Ce sont des pieces doubles d'Alde Grave, George Pentz,
Holbens, Hisbens, Hispan. Jacob Beins, Cormet, & au-
tres, au nombre de 712.

CCCLXII. FRANÇOIS PERRIER.
J'ay deja parlé de luy sous la cotte cxvj, & cecy n'est que
le livre de ses Statuës avec leur contre espreuve au nombre
de 197.

CCCLXIII. LA GENEALOGIE DE LA TRIMOILLE,
COmposée par Charles Soyer Genealogiste & Enlumineur du Roy, imprimé à Paris en 1647. de la gravure
de Matthieu. Il y a 19 pieces.

CCCLXIV. & CCCLXV. P. PAUL RUBENS.
Il en a esté parlé sous les cottes x & cclxxj.

CCCLXVI. jusques à CCCLXIX. VVIRIX.
C'est à dire Hierosme, Antoine & Jean VVirix, dont
l'œuvre est distribué en 4 volumes, le premier contenant
362 pieces, le second 288, le 3. 520, & le quatriesme 410,
pieces toutes d'une grande beauté, celles du dernier livre
n'estant pourtant que des doubles. C'est en tout 1060. pieces,
la pluspart de l'invention de ces Maistres; mais quelques-
unes aussi apres Martin de Vos, Jean Stradan, Phil. Galle,
& quelques autres.

CCCLXX. RECUEIL DE VIERGES ET DE SAINTS.
De divers Maistres de Flandres, M. Christophori apres
Erasme Quellins, Ant. Vander Does, P. de Jode, P. de Ba-
liu, S. Bolsuvvert, Ph. Fruyters, Paulus Pontius apres
Jean Van Hoeck, Nicolas Lauvers, Gaspard Huberti, Fr.
Parmesan, Pierre de Jode le jeune apres Pierre Van Mol,
Marinus, Gerard Segers, A. Bolsuvvert, R. Collin, Mat-
theus Borreckens, Ælthooren, A. Ællsheimer, Abraham
Diepembeck, P. Soutman apres P. Paul Rubens, Richard
Collin, P. Firens, Thomas de Leu, Petrus Biverus Ma-
tritensis soc Jesu, pour son livre intitulé, *Sacrum Sanctua-
rium Crucis & patientia Crucifixorum, & Cruciferorum*

Emblematicis imaginibus laborantium ornatum. Le nom du Graveur n'y est point marqué, Hier. VVirix, Jacques Callot, VV. Hollar, Lommelin apres Lucas Françhois, Aubertus Miræus de Bruxelles Chanoine d'Anvers, pour son livre de SS. Roys sans nom de Graveur, K. Audran, C. Mellan, Boëce Bolsüvert apres Ab. Bloëmaërt, Aug. Carrache, Fr. Parmesan, le Guide, Jean Collart apres Martin de Vos, Ch. Mallery. Il y en a 487.

CCCLXXI. AMSTREDAM.

Ce livre est de plusieurs figures & ornements de la Maison de Ville d'Amstredam, la pluspart desquelles ont esté faites de Marbre par Artus Quellinus, imprimé en 1955. Il y a 48 pieces.

CCCLXXII. LA VILLE DE CREMONE,

Avec les Portraits des Ducs & Duchesses de Milan, dessinez par le Cavalier Antonio Campo Cremonese, & gravez par Augustin Carrache. Il y a 42 pieces.

CCCLXXIII. FIGURES EN BOIS

Du livre de la Mer des Histoires, d'un vieux Maistre qui ne marque point son nom, & quelques autres au nombre de 540.

CCCLXXV. PORTRAITS DE PAPES ET DE CARDINAUX.

De divers Maistres, lesquels n'ont point marqué leur nom, au nombre de 235.

CCCLXXVI. PORTRAITS AU VIF

Des Empereurs, Roys, Ducs & Princes de l'Europe, de la gravure de C. Delff. & imprimez à Delff chez Nicolas de Clerck en 1615. Il y en a d'autres encore outre ceux-là, d'un vieux Maistre sans nom, & d'autres encore de Thomas de Leu, de Leonard Gaultier, Simon Passe, & autres au nombre de 300.

CCCLXXVII. DIVERS PORTRAITS

De Princes & autres personnages illustres, de plusieurs Maistres. Il y a en tout 365 pieces.

CCCLXXVIII. PORTRAITS DE DIVERS MAISTRES.

Pierre VVoeiriot Lorrain, qui marque une Croix de Lorraine dans ses Estampes, & dont l'œuvre consiste dans ce volume en 116 pieces. Il y a beaucoup de Portraits dont le nom des Maistres est ignoré: Mais il y en a aussi de G. Giorgi, Remigius Hebert, Jean Hogembert, le Baron, Phil. Galle, Z. B. J. Picquet apres Daniel du Moustier, M. l'Asne, J. P. Blancus, Ninet. ADB. Dominique Custos.

IDF. Joseph Malumbra, Lambertus Corneli, Rob. Hogembergius, VV. Hoorst, Corn. Galle, Bernardino Curti, C.
Van Cauckercken apres J. Maes, Crispin de Passe, H. Holt-
zius, Crispijn Van Quebooren, Thomas de Leu apres J. Bu-
nel, Jean Düer, Hender Lember Roghman, Martin DC.
à Madrid en 1639. Petrus Isselburg, Fridericus Hulsius
Francofordiensis, Marcus Boschinus apres le Chevalier Ti-
vellius, J. Kol, Camillo Grafico, Gio. Antonio Carossio,
K. Audran, Herman Muller, Martinus Martini, Seb.
Voüillemont, H. Hondius, Matth. Merian de Basle, P.
Troschel, J. F. Fleischberger, Jean Sarrugon Peintre,
Petter Aubrij, Ren. Lochon, *I. Meyssens*, Sebastianus Furck,
D. Van Bremden apres S. Mesdach, S. Bossuvvert, Gio
Georgi, Franc. Van Vijngaerde, Lucas Kilian, Eneas Vi-
cus, J. C. B. David, Corn. Van Dalen, Isaac Brun de
Peesbourg, Cl. Melan, J. Van Halberd, Felix Paduanus,
Ll. de Jong, Porsyn, Akol, J. Payne, D. Dirichs, Th.
de Leu, Fr. Dellarame, Georg. Humble, Jo Georgi,
apres Michel de Sobleo, VVilliam Peacke, R. Elstrache,
Jeremie Falck apres A Boij, Rob. Vau, Petrus Isselburgius
Coloniensis, Bernardo Castello, A Paulus, VVillam
Svvan, C. de Malleri apres Daniel Rabel, VVolf Kilian,
J. de Courbes, Lucas Vostreman, L. Gautier, Cuunrad
Meelberger Jacobus Ficinus, & autres. Il y a en tout 622.
pieces.

CCCLXXIX. DAVID TENIERS.

Son œuvre consiste dans ce volume en 168 pieces, où son
Pottrait est gravé par Lucas Vostreman le jeune, & Corn.
Galle Egbert, Van Paudoren Coryn Boël, Fr. Vanden
VVinguerde, Alexander Goubau, Fr. Van Steen, S.
VVillemsen, Lisebetten ont gravé apres luy.

S. Savery apres T. Leven Der Boeren Pieter Quast.

VV Vau Valckest, P. Nolpe à Amstredam, C. de VVael
Jean Both apres Anderies Both, Jacques d'Assonville, P.
Van Laer, Ostade, Corn. Sachtleven.

CCCLXXX. PIECES EN BOIS.

De divers vieux Maistres excellents, dont plusieurs sont
sans datte & sans nom. Il y en a aussi de H B. de Franciscus de Nanto, de Jean Brosamer, R. Gabriel Giolto di
Ferrari à Venise en 1552. Les figures de l'Alemanna, qui
sont excellentes, Jean Agric Spremb. 1562. Albert Durer,

Lucas Cranis, Hans Bins, le Guide, Fr. Parmesan, Ro-
phaël, Titien, le petit Albert, And. Manteigne, & autres. Il y a 243 pieces.

CCCLXXXI. LES HERMITES DE JEAN ET DE
RAPHAËL SADELER,

Et les Hermitesses d'Adrian Collart, apres les dessins de
Martin de Vos d'une grande beauté. Il y a 138 pieces.

CCCLXXXII. PORTRAITS DE SADELER.

Quelques Portraits de Giles & de Jean Sadeler. 92 pieces.

CCCLXXXIII. LIVRE DE FLEURS

D'Emanuël Svvertius Hollandois. Son livre imprimé à
Francfort sur le Mein. Il est composé de 110 pieces.

CCCLXXXIV. JARDINAGES.

Le livre de Jardinage, composé par Jacques Boysseau
Escuyer Sieur de la Barauderie Gentilhomme ordinaire de
la Chambre du Roy & Intendant de ses Jardins, imprimé
à Paris chez Michel Van Lochon 1638. son Portrait y est
gravé par Gr. Huret apres A. de VVis, & d'ailleurs l'ouvrage est orné de 56 figures de parterres.

CCCLXXXV. FULVIUS URSINUS.

Avec les additions d'Antonius Augustinus Evesque de
Lerida, des familles Romaines par Charles Patin Docteur
en Medecine de Paris. Ce livre en Latin imprimé à Paris
1663, & enrichi de fort belles figures, c'est à dire des
Portraits des Medailles apres les Portraits du Roy, & de
Monsieur Patin, le premier de P. Vanscupen, apres Nic.
Mignard, & le second de le Febvre en la suite de la premie-
re page du dessin de Fr. Chauveau, qui a fait aussi les representations des Medailles en 243 pieces.

CCCLXXXVI. LES TRIOMPHES DE LOUYS LE JUSTE,

Qui est un grand livre de Jean Valdor de Liege escrit en
Latin & en François par divers Autheurs en prose & en
vers, & orné d'un grand nombre de figures, de Portraits, &
devises en taille douce. Ce livre imprimé à Paris chez Antoine Estienne en 1649. Il y a 149 pieces de l'invention de
Jean Valdor, & gravées par divers Maistres, qui n'ont
pas marqué leur nom.

CCCLXXXVII. LE PONTIFICAL ROMAIN

De Clement VIII. imprimé à Rome en 1595, & enrichi de 151 figures dessinées & gravées de la main de Fr.

Villamene, & de Camillo Grafico.

CCCLXXXVIII. HARTMANNUS SCHEDEL.

C'est le nom de l'Autheur des Chroniques des Chroniques, ou de la Mer des Histoires, qui est un grand volume, où sont force figures en taille de bois, imprimé en 1493.

CCCLXXXIX. ANTOINE DE PLUVINEL.

Sous-Gouverneur du Roy Louys XIII. pour son livre intitulé, *L'Instruction du Roy en l'exercice de monter à cheval,* enrichi de figures du dessin de Crispin de Passe imprimé à Paris en 1626. Il y a 61 pieces.

CCCXC. PORTRAITS EN CRAYON,

Lesquels sont presque tous de Daniel du Moustier, où est aussi son Portrait, mais le premier de Monsieur de Marolles est d'Amedee Vande Lionnois. Il y en a en tout 50.

CCCXCI. DEVISES DESSINE'ES ET LAVE'ES

dans des ronds au nombre de 226 pieces.

CCCXCII. L'HISTOIRE NATURELLE DU BRASIL,

Où sont representées plusieurs plantes rares, aussi bien que les animaux qui se trouvent en ces regions là. Ce livre imprimé à Leyden & à Amstredam en 1648.

CCCXCIII. LE NOUVEAU MONDE

De Jean Laët d'Anvers, enrichi de nouvelles Tables Geographiques, & figures d'animaux, de plantes & de fruits.

CCCXCIV. LA NAVIGATION.

De Jean Hugues de Linschot Hollandois dans les Indes Orientales, ornée de Cartes Geographiques, & d'autres figures, le livre imprimé à Amstredam en 1638.

CCCXCV. VOYAGE AUX INDES ORIENTALES,

Enrichi de 51 figures, le livre imprimé à Amstredam en 1598.

CCCXCVI. LA DOCTRINE DES MOEURS.

Par Monsieur le Roy de Gomberville. Ce livre enrichi de 110 figures de Pierre Daret, apres Otho Venius, est imprimé à Paris en 1646.

CCCXCVII. LE JARDIN DE PLAISIR D'ANDRE MOLLET.

Maistre des Jardins de la Reyne de Suede, le livre imprimé à Stocholm en 1651. Il y a 30 figures de jardinages, ou de parterres.

CCCXCVIII.

CCCXCVIII. LES DELICES DE L'ESPRIT
De Monsieur DES MARETS.

Ce livre imprimé à Paris en 1658, est orné de 50 figures
en taille douce dessinées & gravées par Fr. Chauveau.

CCCXCIX. LE VIRGILE DU LOUVRE,
Orné des figures d'Angleterre, du dessin de Fr. Cleyn,
& de VVenceslas Hollar, & gravées par le mesme Hollar, & Pierre Lombard. Il y en a 104.

CD. UN AUTRE VIRGILE EN GRAND PAPIER,
Et relié en Maroquin de Levant, aussi bien que le Temple
des Muses de pareille relieure, & du plus beau papier qui
se puisse employer à des livres. Et le Philostrate de l'impression d'Abel l'Angelier, où il y a plus de 130 figures dans
tous les trois volumes de divers Maistres.

CDI. jusques à CDV.
Cinq volumes de Bestes, d'Oyseaux, de Poissons, &
d'Insectes, le premier l'Histoire des Poissons de Guill. Ron-
delet avec leurs Portraits, imprimé à Lion en 1558.

Le Second des Oyseaux de Pierre Belon du Mans imprimé à Paris en 1555.

Le 3 volume des Bestes & des Oyseaux, imprimé à Zurich chez Christofle Froshover en 1560.

Le 4 de 60 figures d'animaux enluminées, imprimées à
Zurich en 1553.

Le 5 d'insectes, & d'autres animaux, imprimé à Strasbourg en 1546.

CDVI. LA DESCRIPTION DE TOUS LES PAÏS-BAS
Par Messire Louys Guichardin Gentilhomme Florentin,
avec les Cartes Geographiques desdits Païs, & plusieurs
Portraits de Villes tirées au naturel. Ce livre imprimé à
Anvers, de l'Imprimerie de Christofle Plantin 1582.

CDVII.
Statuts de l'Ordre de Malthe, du temps du grand Maistre
Verdale, qui fut fait Cardinal par le Pape Sixte V. Ce li-
vre contient 39 figures de Phil. Thomassin.

CDVII. LES PORTRAITS DU PADOÜAN
D'une grande beauté. Il y en a 31.

CDIX. CDX. CDXI. LES SADELERTS.
Trois volumes des Sadelerts après divers Maistres, & de
leur propre invention. Le premier contenant 230 pieces.
Le second 111 pieces. Et le 3 les SS. de Bavieres au nom-

bre de 163. En tout 486.

CDXII. CDXIII. Giovanni Ferro.

Deux volumes d'Imprese di Giovanni Ferro imprimez à Venise en 1623, & dediez à l'illustre Cardinal Barberin, depuis Pape Urbin VIII, contenant plusieurs figures, la pluspart gravées par Gaspard Grispoldi.

CDXIV. Devises

De Didacus Savedra Faxardus Eques dans son livre infol. imprimé à Bruxelles en 1644. Il y a cent figures de J. Danoot apres Erasme Quellins.

CDXV. Matthieu Merian

Peintre, dessinateur, & Graveur de Basle, pour un recueil de Cartes Geographiques & de villes d'Alemagne, & de divers autres païs, où il y a 500 pieces.

CDXVI. Recueil de diverses pieces de Sadeler,

Stradan, Martin de Vos, Adrian Collart, Henry Goltzius, Hierosme VVirix, Martin Hemsckerc. Ces pieces d'une grande beauté, pour des sujets pieux dans un livre marqué des Armes de Monsieur le Cardinal de Bourbon, lequel contient 213 pieces.

CDXVI.

Natalis in Evangelia, avec les figures de VVirix.

CDXVII. & CDXVIII. Gabriel Perelle.

Il a deja esté parlé de luy sous la cotte clxxix, & ces deux volumes de differente grandeur, reliez en veau, contiennent le premier 158 pieces, & le second 339 pieces. C'est en tout 497.

CDXIX. Un livre Italien de la Terre Sainte

Dont les figures ont esté dessinées & gravées par Jacques Callot, imprimé à Florence en 1620, avec 52 figures en taille douce.

CDXX.

Grotesques au sujet de divers Proverbes, recueillies dans un livre par Jacques Lagniet, où il y a 209 pieces.

CDXXI. & CCDXXII. Jean le Pautre.

Il a deja esté parlé de luy, & ces deux volumes de diverse grandeur, reliez en veau, contiennent, le premier 328 pieces. Le second 260. C'est en tout 588.

CDXXIII. CDXXIV. Païsages.

Deux volumes de petits païsages de divers Maistres, c'est à dire, pour le 1 volume de Matthieu Merian, au nombre de 219 pieces, & pour le second de Alb. Flamen, Laurent de la Hire, Daniel Rabel, Perelle, Matthias Bril. H. Hondius, Claes Janſſ. Viſſcher, Nicolas Jean Peſcheur, M. Van Voterbroeck, J. Van Velde, Hanc Bol, Edouard ab Hoeſvvin, Adrian Collart, & autres au nombre de 284. C'eſt en tout 503.

CDXXV. Paisages d'Antoine VVaterlo,
Au nombre de 153 reliez en veau.

CDXXVI. Animaux.
De divers Maiſtres, Pierre di Laër, D. Stoop, J. Viſſcher apres P. Borghen, Friderick de VVidt, *Frideric Hendrickſen*, Gio Fyt, en 1642 *C. Picken Hagen*. C. P. Berghen 1644, Nicolas Berchem, Paulis Potter 1650, *Clement de Ionghe*, Albert Flamen, Franciſcus Barlovius Anglus, R. Perſyn, Nicolas Jean Viſcher 1641 B. Bolſuyvert apres A. Bloémar. Il y a 256 pieces.

CDXXVII. Les Metamorphoses de Baur.
Jean Guillaume Baur a fait à Vienne un livre des Metamorphoses d'Ovide de 150 pieces.

CDXXVIII. & CDXXIX. Israel Sylvestre.
Il a deja eſté fait mention de luy ſous la corte clxxviij. Et ces deux volumes reliez en veau de diverſe grandeur, contiennent le premier 372, & le ſecond 333 pieces, & le tout enſemble 704.

CDXXX. Vaisseaux et Paisages maritimes.
Ce volume qui en contient 104 Eſtampes, eſt compoſé de divers Maiſtres R. N. Zeeman à Amſtredam, Remi ou Reiner Zeeman 1652, S. Savery, à Amſtredam.

CDXXXI.
Paiſages de Herman Van Suanevelt, & de H. Mauperché, au nombre de 91 pieces.

CDXXXII. Paisages de J. Fouquier.
Arnolde Jode apres J. Fouquier, & Loys de Valdor, Pieter Nolpe apres Adrian Van Nieuland, Antoine VVaterloo, Lucas Van Uden, Lucas Voſterman apres L. de Valdor, L. Van Aken *Clement de Ionghe*, Jean Hadſaert, Mauperché, la Belle, Joannes Majus 1595, & autres, au nombre de 129.

CDXXXIII. Animaux.
De divers Maiſtres, Gaivood apres F. Barloivy a Londres 1658. J. Viſſcher apres Berghem, H. Hondius. En

tout 70 pieces.

CDXXXIV. EMBLESMES D'HORACE

D'Otho Venius imprimées à Anvers en 1607 de 113 pieces.

CDXXXV. & CDXXXVI. EMBLESMES

De l'Auteur profane, & de l'Amour divin d'Otho Venius, le 1 vol. de 124 pieces & le 2 de 60. En tout 184 pieces.

CDXXXVII. JEAN BAPTISTE FERRARI

De Sienne Jesuiste de la culture des fleurs, son livre en latin imprimé à Rome en 1633, orné de 45 figures du dessin de Pierre de Cortone, & de la gravure de Friderie Greuter.

CDXXXVIII. ELOGES HISTORIQUES

Des Cardinaux François, par le P. Henry Albi Jesuiste, livre imprimé à Paris en 1644, avec les Portraits des mesmes Cardinaux. Il y en a plus de 30.

CDXXXIX. PORTRAITS.

Des Ducs de Ferrare de la famille d'Est avec leurs Eloges en Italien, imprimé à Ferrare chez Catarin Doino en 1641, par le Seigneur Antonio Cariola. Il y a 130 pieces.

CDXL. LES DUCS DE FRISE

De Martin Hamconius, son livre en latin imprimé à Franckar en 1620 avec 52 Portraits debout.

CDXLI. & CDXLII. IMPERATRICES.

Deux vol. des Images des Imperatrices, le premier en latin avec les figures d'Eneas Vicus au nombre de 113, & le 2 en François avec les figures copiées du premier au nombre de 52. Ce livre imprimé à Paris chez Nicolas Sercy en 1646.

CDXLIII. L'ABBÉ JOACHIM.

Le livre de l'Abbé Joachim avec les figures imprimé à Vese en 1600, est aujourd'huy tres-rare en Italien, & contient 34 pieces.

CDXLIX. L'ART DE SAULTER,

Par le Fr. Archange Tuccaro de Labruzzo au Royaume de Naples. Son livre imprimé à Paris en 1599 avec des figures.

CDXLV. CDXLVI. CDXLVII. GEORGES VASARI.

Pour son histoire de la vie des Peintres en 3 volumes imprimée à Bologne en 1647, contenant plus de 100 Portraits en bois.

CDXLVIII. GIO BAGLIONE ROMANO,

Pour sa vie des Peintres imprimée à Rome chez Manerso nel en 1649.

CDXLIX. CARLO RIDOLPHI.

Pour son Histoire de la vie des Peintres Venitiens imprimé à Venise en 1648. Il y a plus de 30 Portraits apres les desseins du Chevalier Ridolfi, & gravez par Jacques Picinus.

CDL. THEODORE DE BRY.

Pour son livre de la cruauté des Hespagnols dans les Indes Occidentales intitulé, *Narratio Regionum Indicarum per Hispanos quondam devastatarum verissima*, *per Episcopum Bartholomaeum Casaum Hispanum*. Ce livre imprimé à Hoppenheim en 1614.

CDLI. LES MARTYRS DE TEMPESTE.

Pour un livre intitulé, *Trattato de Gli instrumenti di Martirio, &c. opera di Antonio Gallonio Romano Sacerdote della congregatione dell'oratorio*. Ce livre imprimé à Rome en 1591, avec 47 figures d'Antoine Tempeste.

CDLII. UN LIVRE DE CHASSE.

Intitulé, *Venatus & Aucupium Iconibus, & succinctis versibus illustrata per Ioan. Adam Lonicenem Francfortanum*, imprimé à Francfort en 1582. Il y a 39 pieces.

CDLIII. SEBALDEN BEENS ALLEMAN,

Pour son livre du Portraiture imprimé en 1565. Il y a 57 pieces.

CDLIV. MONSTRES.

Fortunius Licetus Genevensis, pour son livre intitulé, *De Monstrorum natura libri duo*, imprimé à Padouë en 1634, avec les figures du dessin de J. Bapt. Bisson, & gravées par MD. au nombre de 55.

CDLV. ODOARDO FIALETTI,

Pour son livre de gli habiti delle Religioni con le armi & breve descrittione, imprimé à Venise en 1626, contenant 72 figures.

CDLVI. & CDLVII. JACQUES PHILIPPE THOMASSIN

De Padouë Evesque d'Æmone pour ses livres des Eloges des Hommes Illustres, imprimez à Padouë en 1644, le 1 contenant 27 Portraits, & le second 45. C'est en tout 72 pieces.

CDLVIII. LES PORTRAITS DES CENT CAPITAINES
Avec leurs Eloges en Italien imprimez à Rome chez Pompilio Totti en 1635. 100 Portraits.

CDLIX. CORNELIUS CURTIUS,
De l'ordre de S. Augustin, & Definiteur general de son Ordre, pour les Illustres du mesme Ordre, dont les Portraits sont gravez par Corn. Galle au nombre de 31.

CDLX. CORNEILLE GALLE,
Pour les figures qu'il a gravées, & dessinées dans le livre des vies des principaux Fondateurs des Ordres Religieux représentez dans le Chœur de l'Eglise de l'Abbaye de Lambert de Liesse en Hainaut, le livre composé par E. et Jesuiste, imprimé à Anvers en 1634. Il y a 41 pieces.

CDLXI. PORTRAITS DES ILLVSTRES
De la famille Colonne dans le livre latin qu'en a composé l'Abbé Ferdinandus Vghellus, imprimé à Rome en 1650. Il y a dans ce livre, & dans un autre de Theodore Galle des illustres Cardinaux 33 Portraits.

CDLXII. PORTRAITS DES ILLUSTRES.
Protestants avec leurs Eloges, par Theodore de Beze, au nombre de 85 pieces, y comprenant les 58 Portraits.

CDLXIII. ESOPE.
Les Fables d'Esope en Grec avec des figures en bois du dessin de Titien, 30 pieces.

CDLXIV. CDLXV. & CDLXVI. PERSPECTIVE.
Pratique par un Parisien Jesuiste en trois volumes imprimé chez Melchior Tavernier, & François Langlois en 1642, contenant plus de 300 figures en taille douce.

CDLXVII. LE PALLADIO.
Des 5 ordres d'Architecture traduit par le sieur le Muet, & dessiné & gravé en taille douce chez François l'Anglois à Paris, contenant 75 pieces.

CDLXVIII. DON HERNANDO DE ACUEVA.
Pour son livre intitulé, *El Cavallero determinado traduzido de lingua Francesa en Castellana*, imprimé à Anvers avec des figures en 1591. Il y en a 22.

CDLXIX. JUAN DE YCIAR,
Pour son livre intitulé, *Arte subtilissima por laqual se ensena a escrevir persectamente*, imprimé à Saragoce en 1550. Ce livre est tres-rare, & contient 68 figures.

CDLXX. DON FRANCESCO PIFFERI

Dal monte San Savino Camaldolense Dottor Theolo-
pour son livre intitulé, *Brieve discorso sopra i misteri
la Corona del Sig.* Ce livre imprimé avec des figures bien
destinées en taille de bois, à Sienne en 1602. Il y en a

CDLXXI. SEBASTIANUS BRANT,

Pour son livre intitulé, *Stultifera Navis,* après Jacques
Locher, contenant 100 figures en bois, & imprimé en
1490.

CDLXXII. JEAN MEURSIUS,

Pour son livre intitulé, *Athena Batava,* imprimé à
Leyden chez André Cloucquius, & les Elsevirs en 1625,
avec des figures de G. Sivan. Il y en a 71.

CDLXXIII. PAUL PETAU, CONSEILLER DU PAR-
LEMENT,

Pour son livre des antiquitez imprimé à Paris en 1610,
contenant 43 figures.

CDLXXIV. LES MÉTAMORPHOSES D'OVIDE

Avec de petites figures en bois, imprimées à Lion en
1583.

CDLXXV. AND. ALCIAT,

Pour ses Emblesmes avec des figures en bois, imprimez à
Lyon en 1564.

CDLXXVI. CHARLES DE BOUELLES,

Chanoine de Noyon, pour son livre de la Geometrie
pratique, à quoy est adjouté l'art de mesurer, par M. Jean
des Merliers d'Amiens, Lecteur & Professeur du Roy és
Mathematiques. Ce livre imprimé à Paris en 1609, avec
des figures en bois.

CDLXXVII. LE SIEUR DU PRAISSAC,

Pour son livre de discours militaires, imprimé en 1610,
avec 20 figures en bois.

CDLXXVIII. PIERRE BELON DU MANS,

Pour son livre des Poissons, imprimé à Paris avec des figures chez Charles Estienne en 1555.

CDLXXIX. PIERRE BERTIUS,

Pour son livre des petites Cartes Geographiques, imprimé à Amsterdam chez Corn. Nicolas en 1602. Il y a 177
pieces.

CDLXXX. MATHURIN JOUSSE,

De la Fleche, pour la perspective positive de Viator Latine & Françoise, imprimé à la Fleche en 1635, avec 55
figures.

CDLXXXI. AND. ALCIAT.

Pour son ivre d'Emblesmes en François, imprimé à Lyon
avec des figures en 1549.

CDLXXXII. ABRAHAM BOSSE,

Pour son Traité de la Gravure en eau forte, imprimé
chez luy-mesme, à Paris en 1645, où il y a 29 figures.

CDLXXXIII. ANDRE' ALCIAT,

Pour son livre d'Emblesmes imprimé à Paris avec d'excellentes figures en bois en 1535.

CDLXXXIV. J. VELDE.

Pour son petit livre d'Emblesmes, avec des vers en
men, contenant 63 figures.

CDLXXXV. GIULIO OSSEQUENTE, ET POLID
VIRGILE,

Pour leurs livres des prodiges, *par Damiano Maraff*
Toscani, cét ouvrage imprimé à Lion en 1554, à
figures en bois.

CDLXXXVI. jusques à CDLXXXI
EMBLESMES ET DEVISES,

Ces quatre volumes sont donc d'Emblesmes & de d
le premier sous le titre Latin, *De Symbolis Heroicis li*
Authore Silvestro Petra Sancta Romano Societ. Iesu, im
mé à Anvers en 1634, avec 200 figures en taille dou
Corn. Galle, après P. Paul Rubens.

Le 2 volume contenant 207 pieces pour les Emblesme
devises Chrestiennes de Georgette de Montenay, impri
à Lyon en 1571.

Un autre livre d'Emblesmes, avec des vers Latins, mi
en lumiere par Gerard de Jode.

Autre livre d'Emblesmes en langage Suedois, par Barth
Hulsius, imprimé à Amstredam chez Crispin de Passe en
1642.

Le 3 volume de 216 figures, les Emblesmes de Florent
Schoonhovius Jurisconsulte de Danzich en latin, imprimé en 1618 avec 76 figures.

Les Emblesmes de Jean Mercier Jurisconsulte, avec des
vers latins, de la gravure de Queyr, Il y en a 52.

Autres

Autres Emblesmes du cours de ce monde, traduit de l'Aleman d'André, Frideric, & mises en lumiere par Jacques de Zettre, imprimé à Francfort chez Abraham Pacard en 1617, au nombre de 88.

Le 4 volume est des devises heroïques de M. Claude Paradin Chanoine de Beaujeu, imprimé à Lyon en 1557, representée en figures bien dessinées en bois. Il contient aussi un livre intitulé, *Emblemata sacra Stephani Cælij montis intercolumniis affixa, studio & opera Iulij Roscij Hortini Tempesta incisor*, en 1599.

Un autre livre Emblematique, intitulé, *De rerum usu & abusu*, avec des figures & des vers latins, & les Fables de Phedrus.

CDXC. & CDXCI. PAULI MACCII
Emblemata, contenant 82 figures gravées par Coriolanus, avec des vers en Italien. Ce livre double.

CDXCII. JOANNES DEVID,
Prestre de la Compagnie de Jesus, pour son livre intitulé, *Veridicus Christianus*, imprimé à Anvers en 1601, contenant 100 figures en taille douce.

CDXCIII. PARIS CERCHIERI,
Pour son livre d'Emblesmes intitulé *Lidea di un prencipe politico Christiano di don Diego Saavedra fachardo representata con bellissime imprese*, apres le Seigneur Dottor Paris Cerchieri, imprimé à Venise en 1648. Il y a 123 figures.

CDXCIV. JERONIMO RUSCELLI,
Pour son livre de devises, qu'il appelle *Imprese illustri*, auquel il ajoute un traité de Vincent Ruscelli de Viterbe, & dedie son ouvrage au Prince Guillaume Gonzague Duc de Mantouë & de Montferrat, lequel est imprimé à Venise chez Francesco de Franceschi Senese en 1584. Il y a 127 figures de Giacomo Franco.

CDXCV. LODOVICO DOLCE,
Pour son livre *D'Improse nobili & ingeniose di diversi Prencipi*, imprimé à Venise chez Girolamo Porro, en 1568. Il y a 73 figure.

CDXCVI. HENRICUS ORÆUS ASSEHEIM,
Pour son livre intitulé, *Viridarium Hieroglifico morale*, où il y a 88 figures Hieroglifiques, imprimé à Francfort en 1619

V.

CDXCVII. Gabrielis Rollenhagii,
Selectarum Emblematum Centuria, imprimée à Utrech en 1613, les 100 figures gravées par Crispin de de Passe.

CDXCVIII. Melchior et Matthieu
Freres, pour leur livre d'Emblesmes, pour le Cænotaphe de Ferdinand III Empereur en 1657. où il y a 49 figures.

CDXCIX. Paul Joüe Evesque de Nucerre,
Pour son livre des devises, avec un discours de M. Louys Dominique, sur le mesme sujet, où sont encore adjoutées les devises heroïques, & Morales du Seigneur Gabriel Symon, imprimez à Lyon en 1561. 88 figures.

D. Entre'es de Villes.
Celle du Roy Henry II, à Paris en 1549, imprimé à Paris.
Celle de la Reine Catherine son Epouse en la mesme année.
Celle de Charles IX. & le couronnement de la Reyne Elisabeth son Espouse, en 1571.
Le Balet qui fut dancé aux Nopces de Monsieur de Joyeuse en 1582, le tout orné de figures au nombre de 43.

DI. Le Labirinthe, Royal.
De l'Hercule Gaulois triomphant, pour l'entrée du Roy Henry IV. dans la ville d'Avignon, où il y a 12 figures.

DII. Joannes Paulus Gallucius Saloensis
Pour son livre intitulé, *Theatrum mundi & temporis*, &c. Ce livre imprimé à Venise en 1589, contenant plus de 30 figures Astronomiques.

DIII. Achille Marozzo Bolognese,
Maëstre Generale *de l'arte de l'armi*, pour son livre Italien, qu'il a fait de l'Escrime imprimé à Modene en 1536, où sont 85 figures en bois.

DIV.
Portraits de personnages illustres en bois, de Graveurs differens, 100 pieces.

DV. Tables Philosophiques
De Louys d'Esclaches, de la gravure de Fr. Chauveau, & de P. Richer. Il y a 11 pieces.

DVI. Christophorus Scheiner
Germanosuevus, *de arte de linandi res quaslibet*, livre imprimé à Rome en 1631, avec 16 figures.

DVII. Andre' Thevet,
D'Angoulesme, pour son livre de la Cosmographie du Levant, reveuë & augmentée de plusieurs figures, imprimé

à Lyon en 1656., ou il y a 32 figures en bois.
DVIII. ENTREE DU ROY HENRY III.
A Mantouë, imprimé à Paris en 1586. Il y a 11 figures.
DIX & DX.
Armoiries des plus illuftres Maifons d'Alemagne en deux volumes par Jean Sibmachon de Nuremberg imprimé en 1605, & 1609, le 1 contenant 226 pieces, & le 2. 157. En tout 383 pieces.
DXXI. L'HISTOIRE ET LE MARTYRE DES SEPT MACHABE'ES,
Selon Jofeph, par les obfervations d'Erafme, avec des figures en bois au nombre de 15.
DXII. GABRIEL SIMEON FLORENTIN,
Pour fon livre des illuftres obfervations antiques, imprimé à Lion en 1558, avec des figures en bois au nombre de 103.
DXIII. FIGURES DU NOUVEAU TESTAMENT
En bois en largeur d'une grandeur in 4°. fans nom, fans datte ny fans marque ; mais d'une bonne maniere au nombre de 95.
DXIV. PORTRAITS DES PEINTRES FLAMENTS,
D'un livre imprimé à Anvers chez Theodore Galle, an nombre de 84.
DXV. PETIT ARMORIAL ENLUMINE',
Par les foins de quelque Eftranger curieux. Il y en a dans ce volume en petit in 8° au nombre de 79.
DXVI. LA PASSION DE NOSTRE SEIGNEUR.
Defcrite en vers latins avec des figures en bois de J. Aman, Le livre imprimé à Amftredam en 1523. Il y a 64 pieces.
DXVII. & DXVIII. DEUX BIBLES in 8°.
Avec des figures en bois toutes deux de differente impreffion, où il y a dans le premier 164 pieces, & dans le fecond 412 pieces.
DXIX. LES IMAGES DES DIEUX DES ANCIENS,
Du livre Italien de Vincent Cartari, traduit en François par Antoine du Verdier, fieur de Vauprivas, & imprimé à Lyon avec des figures en bois.
DXX. FIGURES DE LA BIBLE,
D'un livre intitulé, *Icones hiftoriarum veteris teftamenti,* avec des explications en vers François au deffus de chaque figure, imprimé à Lyon en 1547.

V ij

Autre livre intitulé, *Figure de Vecchio testamento conversi Toscani per Damian Maraffi*, imprimé à Lyon en 1554.

Autre livre intitulé, *Figures du nouveau Testament*, avec des huitains François au dessous de chaque figure, imprimé à Lyon en 1570.

DXXI. FIGURES DE LA BIBLE

D'un livre intulé, *Nova Tobia Stemmeri Sacrorum Bibliorum figura versibus latinis & Germaticis exposita*, imprimé à Strasbourg en 1590.

DXXII. AUTRES FIGURES DE LA BIBLE

Dans un livre intitulé, *Harmonia Evangelica libri quatuor*, imprimé à Paris en 1564.

DXXIII. AUTRES FIGURES DE LA BIBLE

D'un livre intitulé, *Biblia veteris testamenti, & historie artificiose picturis effigiata*, imprimé à Francfort en 1558.

DXXIV. FIGURES DU NOUVEAU TESTAMENT EN BOIS,

Dans un livre intitulé, *La vie de nostre Seigneur*, imprimé à Paris par Conrad Neobar en 1540.

DXXV. LE NOUVEAU TESTAMENT,

Avec des figures en bois.

DXXVI. FIGURES DU NOUVEAU TESTAMENT

D'une maniere fort jolie, dans un livre in seize intitulé *La Tapisserie de l'Eglise Chrestienne & Catholique*, avec des huictains au dessous de chaque figure, le livre imprimé à Paris en 1544.

DXXVII. LACTANCE EN FRANÇOIS,

Avec des figures en bois, imprimé à Paris en 1555.

DXXVIII. ORUS APOLLO DES HIEROGLIF. D'EGYPTE,

Avec des figures en bois bien dessinées. Ce livre imprimé à Paris en 1548.

DXXIX. LA DELIE,

Avec de fort jolies petites figures en bois au nombre de 51, d'un livre imprimé à Paris en 1564.

DXXX. PORTRAITS DES HERESIARCHES,

Au nombre de 17 dans un livre in octavo imprimé à Leyden en 1608.

DXXXI. EMBLESMES D'AMOUR,

Dans un petit livre intitulé, *Emblemata amatoria Georgij Camerarii*, imprimé à Venise en 1627, avec des vers latins derriere chaque figure. Il y en a 77.

DXXXII. CAROLI CLUSII

Atrebatis rariorum aliquot stirpium per Pannoniam, Austriam & vicinas quadam Provincias observatarum historia. Ce livre imprimé à Anvers en 1583, est enrichi de plusieurs figures de plantes.

DXXXIII. JEAN DE GLEN LIEGEOIS

Pour son livre d'habits, de mœurs, & des ceremonies ces Nations, avec les Portraits des habits qu'il a taillez, imprimé à Liege en 1601.

DXXXIV. EPITOME EMBLEMATUM

Panegyricorum Academia Altorfina. Ce livre imprimé à Nuremberg en 1602.

DXXXV.

Insignium aliquot virorum Icones, seu Cadmusii Icones. Ce livre imprimé à Lyon en 1559, contient 150 pieces.

DXXXVI. GILLES COROZET,

Pour son livre des Antiquitez de Paris imprimé en 1588, contient 50 pieces.

DXXXVII. DXXXVIII. DXXXIX. & DXL.

ANTIQUITEZ ROMAINES

En 4 volumes le 1 Italien par Bernardo Gamucci da san Gimignano contient 39 pieces.

Le 2 en Hespagnol en contient 67

Le 3 encore Hespagnol, imprimé à Rome en contient 96.

Le 4 en François, imprimé à Rome en 1646, en contient 8.

DXLI.

Un livre d'Emblesmes de Pierre Sever Jesuiste, intitulé, *Sacrum Oratorium piarum imaginum.*

Je ne veux point mettre icy en ligne de compte trois livres de l'art de faire des Cadrans & des horologes.

Dix livres de la science Armorique.

Les livres de plantes tels que Mathiole sur Dioscoride, & Alechamp.

Le Virgile, & le Terence avec des figures en bois.

Les Portraits des Hommes illustres, qui se trouve dans les Histoires de Paul Jove.

Le Vegece, plusieurs livres de Medailles, & de Geographie, & autres semblables, parce que cela seroit trop long.

FIN.

AVERTISSEMENT NECESSAIRE
pour le dessein de l'Autheur.

IE n'ay escrit cét Inventaire que suivant l'ordre des Chiffres que mes Livres d'Estampes se sont trouvez marquez. C'est pourquoy ceux des vieux Maistres ne sont pas les premiers, & ceux qu'on appelle des petits Maistres, & beaucoup d'autres, n'y sont pas non plus dans leur rang, parce que j'y ay suivi plustost l'estat & l'ordre des volumes que non pas celuy des temps & du sujet.

Il n'en sera pas de mesme dans le grand ouvrage de la vie des Peintres, des Sculpteurs, des Graveurs & des Architectes, que je me propose de donner bien-tost au public. Ie l'ay divisé en plusieurs livres. Le premier desquels sera du motif & de l'occasion que j'ay euë de composer cét ouvrage.

Le second sera de l'origine & du progrets des Arts, concernant la Peinture & le dessein en general.

Le 3 comprendra l'Histoire de ceux qui en ont esté les Inventeurs, depuis le commencement du monde jusques à l'Empire des Grecs.

Le 4 fera le recit de ceux qui s'y sont signalez depuis le temps d'Alexandre le Grand, jusques à l'Empire d'Auguste.

Le 5 fera voir quels ont esté les Illustres en ces choses là depuis Auguste, jusques à l'arrivée des Goths en Italie.

Le 6 recherchera les noms, la vie & les actions des

Peintres, des Statuaires & des Architectes fameux
qui ont flori dans les temps Gottiques jusques à la
fin du troisiesme siecle, depuis la naissance de Nostre Seigneur.

Le 7 livre sera l'Histoire de ceux de cette profession
du 14 siecle, & de la moitié du 15.

Le 8 se restraindra dans un moindre espace, & ne
parlera que de ceux qui ont pris naissance depuis l'année 1450 jusques en 1500.

Et parce que desormais les choses presseront un
peu davantage, nous reduirons nos livres par Deca-
des, c'est à dire, par dix années, pour chaque livre,
en sorte qu'il y en aura dix entiers pour le seiziesme
siecle, & six pour le dixseptiesme. Si bien que ce se-
ront en tout 24 livres, où la distinction des Nations
sera gardée, & il y aura mesme encore de l'ordre touchant les Professions, afin de ne rien confondre.

En suitte je feray un denombrement honorable de
tous ceux, qui de nostre temps excellent en ces beaux
Arts, desquels je convie, pour cét effet, ceux que je
n'ay pas le bien de connoistre, de m'envoyer quelques
memoires du lieu de leur naissance, & de leurs beaux
ouvrages, afin que je n'en obmette aucun qui puisse
honorer nostre siecle & nostre-Nation en ces choses là,
sous le regne florissant du Roy, qui aime toutes les belles choses, qui les connoist parfaitement, & qui don-
ne mesme si liberalement des marques honorables à
plusieurs de l'estime qu'il en fait.

Ie sçay que le nombre en sera considerable. Et si
quelqu'un s'alloit imaginer que c'est peu de chose d'e-
stre marqué dans une si grande multitude, je répons
qu'il trouveroit fort mauvais de n'y estre point marqué
du tout : car ce seroit un sujet de croire qu'il n'auroit

acquis gueres de reputation ; Et certes je n'ay deſſein
d'y obmettre que les ignorans, & ceux que les beaux
ouvrages n'ont point du tout ſignalez.

Au reſte j'y comprendray, ſi je puis, non ſeulement tous ceux dont j'ay fait mention dans cét Inventaire ; mais encore pluſieurs autres avec ceux dont j'ay
marqué les noms dans la table ſuivante, & dans une
autre encore que je donneray ailleurs, ſans qu'il ſoit
beſoin de s'arreſter, s'il y en a quelques-uns de reputation. Tout le monde n'eſt pas d'un egal merite, & l'hiſtoire des choſes plus memorables qui ſe ſont paſſées dãs
le monde, ne s'eſt point quelquefois abſtenuë de nommer
des ſtupides & des ignorans, puis qu'elle parle meſme
bien ſouvent des Traiſtres & des ſcelerats, quand cela
ſert à ſon ſujet. Il en ſera de meſme dans ce livre à
l'eſgard de quelques uns, pour leſquels je ſçay bien
qu'il ne faut avoir aucune eſtime ; mais il ne faut pas
croire pour cela que j'aye deſſein d'y deshonorer qui
que ce ſoit.

Meſſieurs les Marchands ne me doivent point ſça-
voir mauvais gré de ce que j'ay peut-eſtre un peu trop
exalté, àleur jugement, le prix des belles Eſtempes
que j'ay recueillies dans mon cabinet, cela ne leur fait
point de tort, & j'avouë que j'en ay trouvé pluſieurs
chez eux de tres-conſiderables, que je n'euſſe pû recou-
vrer ailleurs, comme il s'y en trouve encore ; Mais d'y
en trouver un ſi grand nombre tout à la fois de diverſes que j'en ay dans mon Recueil, c'eſt ce qui ne ſeroit
pas poſſible ; parce qu'ils ne s'y ſont pas appliquez,
leur principal ſoin ayant eſté de debiter aux Curieux
les belles choſes, qui, de temps en temps ſont tombées
entre leurs mains, & il faut pluſieurs années, avec
beaucoup de ſoin & de depence pour en venir à bout.

Ils

Ils fçavent, & il est vray, que je me suis appliqué
à cette forte de curiosité devant que plusieurs d'entre
eux fussent nez, & que je m'en suis donné tout d'un
coup pour mille Louys d'or, ayant pris ce qu'il y avoit
de meilleur en ce gère là du cabinet d'un Curieux, qui
vint à deceder il y a dix ou douze ans, pour achever
d'assortir ce que j'en avois dans le mien. Cét homme
l'avoit ramassé de divers costez avec une depence fort
grande, pour des facultez qui n'estoient pas plus fortes
que les siennes, & il l'avoit fait avec des soins tres-la-
borieux : car cela ne se fait jamais autrement, si on ne
le rencontre tout du coup. Il y avoit trouvé une satisfaction nompareille, & le credit de mes Amis m'en vou-
lut bien procurer une semblable apres sa mort, sans
quoy je ne l'eusse pas entrepris. Mais enfin les choses en
sont venües à un point que mon aage, & la foiblesse de
ma vuë, du reste desquels j'ay besoin pour d'autres
choses plus importantes, ne me permettant plus de m'y
arrester, je me destache aussi fort volontiers de cette
affection, qui conviendra beaucoup mieux à une personne plus jeune & plus puissante que je ne suis, non
pas que je tienne qu'il faille faire beaucoup de depence
à cette sorte de curiosité pour en joüir agreablement,
à ceux qui sont riches; mais ce qui est peu de chose pour
les grands Seigneurs, est beaucoup pour ceux qui n'ont
qu'une fortune mediocre.

Cependant, si j'avois à me defaire un jour de mes
Estampes, qui sont au nombre de plus de six vingts
mille, pourroit-on bien croire, que si quelqu'un les
vouloit prendre toutes à cinq sols la piece, sur le pied
de cent mille, j'en reserverois volontiers pour moy dix
mille à un escu piece, s'il me les donnoit à choisir, &
j'en prendrois encore deux cent à un Louys d'or la pie-

X

ce ? C'eſt bien, à la verité, une marque de l'eſtime que
j'en fais, mais je ſçay bien auſſi que je ne m'y tröperois
pas, & de plus dequatre-vingts mille, qui reſteroient
de cent mille, j'en prendrois bien encore vingt mille à
quatre & cinq ſols piece, parce que je ſçay bien qu'elles
valent beaucoup plus, mettant en ce rang là, par
exemple, les Portraits de Vandick & de Kilian.

Ie ne veux pas nier auſſi, que dans un ſi grand nombre, il n'y en ait peut-eſtre vingt ou trente mille que je
n'eſtimerois pas moy-meſme ſeparement quarente ſols
le cent. Mais, ſans dire qu'elles ſont beaucoup plus
conſiderables que cela aux lieux qu'elles occupent, ſi
j'avois à m'en defaire, je ne les compterois pour rien.
Toutesfois de ces petites choſes là, je ne regarde que
pour une image ſimple, une feuille où il en paroiſt pluſieurs, comme dans les Cartes des Roys & des Reynes
de France, & des autres Princes & perſonnages illuſtres, ou dans les livres d'Armoiries, tels que pourroient eſtre ceux de la Colombiere & de Magneney :
car je n'ay pas crû qu'il falluſt rien negliger pour ac-
complir le grand deſſein que j'avois conceu en ce genre
là.

I'ay employé dans cét Inventaire quelques livres de
ſcience & des beaux Arts, où il y a des figures, leſquels ont eſté imprimez ſeparement ; mais je l'ay fait
pour m'en reſſouvenir, à cauſe des noms des Autheurs
& des Ouvriers conſiderables que je veux employer
dans mon Hiſtoire.

Cependant quelqu'un qui auroit un jour envie d'ac-
croiſtre une nombreuſe & magnifique Biblioteque, de
celle-cy, qui eſt aſſez ſinguliere, ſe pourroit bien paſ-
ſer de ces derniers livres ; parce qu'il eſt croyable qu'ils
ne luy manquent pas, & qu'il ſuffit bien de les avoir

une seule fois, sans les multiplier, en ayant d'autres
à chercher, puis que le nombre des livres est presque
infini. Mais quoy qu'il en soit, ceux-cy sont une fort
petite partie de ceux que j'ay composez des plus beaux
Ouvrages de dessin, qui se trouvent des Maistres anciens & modernes.

Il ne se faut pas arrester au melange des langues que
j'ay fait dans mon Inventaire, parlant des Peintres ou
des Graveurs dont j'ay les Ouvrages. Pictor, Inventor & Sculptor, se sont trouvez au bout de la plume, pour Peintre, Inventeur & Graveur, sans y
apporter davantage de façon. Et ces lieux-là, ce me
semble, n'exigent pas qu'on y recherche davantage de
politesse, puis que des naïvetez semblables sont quelquefois commodes, pour ne dire pas qu'elles y apportent
souvent quelque sorte d'ornement.

Il n'en sera pourtant pas de mesme dans le corps de
l'Histoire que je promets, où je ne veux rien negliger;
parce que je me propose de la faire avec beaucoup
d'exactitude.

Les matieres en sont toutes prestes, & il n'y a
plus que la forme à y donner, & à reduire au moindre espace qu'il me sera possible, un sujet tres-ri-
che & tres-abondant, que personne n'a traité jusques icy, que je sçache, de la sorte que je me le
suis imaginé, par le grand fonds que je me suis
vû devant moy de ces choses là, qui m'en a fait
concevoir le dessein

J'ay regret pourtant de n'avoir point employé
mon temps à des choses meilleures; parce que j'en
ay bien d'autres à faire qui sont plus de mon
goust & de ma profession. Mais il faut suivre
quelquefois malgré que nous en ayons, des em-

Xij

ploys, ou des habitudes, qui s'acquierent impercepti-
blement, nous engagent quand nous y pensons le
moins.

I'ay mon grand labeur sur les saintes Ecritu-
res, lequel n'est pas encore achevé, n'ayant fait
mes Remarques litterales que sur les livres histo-
riques de la Bible, excepté sur les quatre Evan-
giles, & sur le livre des Actes des Apostres.

I'ay mon Gregoire de Tours, non seulement pour
ses dix livres de l'Histoire, mais encore pour le
reste de ses œuvres, c'est à dire, de la vie des
Peres, de ses livres de la gloire des Martyrs &
des Confesseurs, & de ceux de la vie de S. Martin,
où il y a certainement des choses tres-singulieres.

I'ay mon Ammian Marcellin qui est un Autheur tres-difficile & tres-important pour l'Histoire
de son temps, où il y aura des notes assez curieuses, aussi bien que sur les six Autheurs de l'Histoire Auguste, lesquels n'ont jamais esté mis en
nostre langue, & que j'ay tout faits dans mon cabinet, avec la Chronique commentée de Cassio-
dore, & celle de Iernandes.

I'ay une Histoire aussi toute preste des anciens
Comtes d'Anjou, & des Seigneurs d'Amboise,
lesquelles nous apprennent des choses tres-considerables de la fin de la seconde Race de nos Roys, &
du commencement de la troisiesme, jusques au
temps de Philippe Auguste, avec l'origine de plusieurs familles illustres.

Cela mesme sera suivi, si j'ay du loisir de reste, de mon Histoire de la Province de Touraine,
dont je pense avoir des memoires tres-curieux, pour
parler de ses avantages & de ses prerogatives sur d'au-

res Provinces voisines, qui sont sous sa Metropole, &
de la fondation de plusieurs de ses Eglises, où il y
en a de fort anciennes, aussi bien que des Maisons
tres-considerables.

Ie pourrois mesmes encore procurer la lumiere
de l'edition au Labeur, que j'ay fait sur les Ca-
talectes des Poëtes anciens, dont j'ay cinq livres
tous prests, pour les choses qui la peuvent souffrir,
sans reproche (car on peut bien penser que je n'y
comprens pas les pieces impures de quelques-uns dont
l'on a composé le livre des Iardins de Mecenas) Et
cependant les difficultez qui se rencontrent pour l'in-
telligence de beaucoup d'autres pieces tres-honnestes,
telles que l'Etna de Quintus Serenus, ne se surmon-
tent pas aisement sans beaucoup d'estude.

I'ay outre cela composé les vies de quatre
cent personnages qui se sont signalez dans les lettres depuis Moyse jusques au 4 siecle depuis
Nostre Seigneur, qui sont autant de marques(outre les autres petits ouvrages que j'ay donnez au
public, dont je ne parle point icy) du grand loisir
que j'ay eu pendant mes jours, mais que je souhai-
terois bien encore d'avoir un peu mieux employez que
je n'ay fait pour l'utilité publique, & pour ma propre satisfaction.

Ie sçay bien qu'on ne se souciera gueres de tous
ces labeurs, & qu'il n'y en aura peut-estre pas un
seul qui les mette en consideration parmi tant d'autres livres, où l'on croit trouver beaucoup plus d'instruction & de recreation. Quelques-uns mesmes di-
ront que ce n'estoit pas icy le lieu d'en parler; mais
aussi l'occasion ne s'en presente-t-elle pas toujours,
& j'ay bien voulu remplir de quelque chose les

deux ou trois dernieres pages vuides de cette feüille,
où j'ay employé les premieres idées qui se sont offertes
à mon esprit, quand ce ne seroit que pour faire connoistre par celles-cy que je serois ravi de contribuer
de quelque chose à l'honneste curiosité de ceux qui
aiment les belles lettres, de ne faire point de hon-
te à ma patrie, & de trouver quelque secret pour n'e-
stre pas entierement inutile au service du public.

La Table suivante fera connoistre les noms de quelques Peintres, Sculpteurs, Statuaires & Architectes illustres, qui ont flori dans les premiers temps,
sans parler de ceux qui sont venus depuis, dont le denombrement donnera de l'estonnement.